PARIS-BRULÉ.

VA PARAITRE : la 1re édition d'un volume in-18, intitulé : **PARIS-BRULÉ**, *Guide-Recueil* sur les événements de Mai 1871, avec *Notices historiques* et *Photographies* des Monuments *avant et après l'incendie*, un joli *Plan de Paris*, le tout précédé d'un récit très-intéressant sur l'entrée de l'armée à Paris, et la bataille dans les rues.

Cette édition étant presque épuisée à l'avance, adresser sa demande avec **3 francs** (*volume de 10 photographies*), avec **5 francs** (*volume de 20 photographies* de PIERRE PETIT), à M. E. Dentu, éditeur, Palais-Royal, 17 et 19, galerie d'Orléans. (*Poste en sus, 25 cent.*)

On peut s'adresser également au *Dépôt spécial du Guide-Recueil*, Maison GAMBOGI ET Ce, magasin de musique, rue de Richelieu, 112, à Paris ; où, par suite d'une combinaison très-simple, l'auteur procurera les moyens de visiter agréablement Paris et ses environs.

GUIDE-RECUEIL

DE

PARIS-BRULÉ

GUIDE-RECUEIL

DE

PARIS-BRULÉ

Événements de Mai 1871

contenant

LE RÉCIT DE L'ENTRÉE DE L'ARMÉE A PARIS

et la bataille des rues

des Notices historiques et archéologiques sur tous les monuments
et maisons particulières incendiés ou détruits

UN JOLI PLAN DE PARIS COLORIÉ

et une

COLLECTION DE PHOTOGRAPHIES AVANT ET APRÈS L'INCENDIE

Par PIERRE PETIT

PARIS

E. DENTU, LIBRAIRE-ÉDITEUR

PALAIS-ROYAL, 17 ET 19, GALERIE D'ORLÉANS

1871

Tous droits réservés

TYP. ALCAN-LÉVY, RUE DE LAFAYETTE, 61

PRÉFACE

Les dernières heures de la *Commune* ont été souillées non-seulement par d'horribles assassinats, mais encore par d'épouvantables sinistres, que la France et la civilisation flétriront énergiquement.

Aujourd'hui, c'est le cœur plein de tristesse que nous allons parcourir les lieux où gisent des débris encore fumants, pour retracer les désastres auxquels, hélas! il n'est plus possible de remédier.

Les Journaux le *Siècle*, le *Bien Public*, le *Petit Journal* et bien d'autres, que la suppression avait atteints, reprennent leur publication en donnant sur ces événements des détails que nous leur empruntons, mais en *les plaçant à leurs dates respectives, les groupant pour chaque édifice et y ajoutant des faits restés encore inédits.*

Nous espérons, par ce travail, procurer au public le moyen de visiter ces immenses ruines, en ayant sous les yeux le récit succinct des circonstances terribles dans lesquelles nous les avons vu s'accomplir.

En donnant les photographies des monuments et édifices incendiés, nous désirons montrer également aux personnes qui ne peuvent venir à Paris, les cruels ravages éprouvés par notre malheureuse cité dans ces jours néfastes de guerre civile.

ED. MOREAU.

Paris, le 31 mai 1871.

L'HOTEL DE M. THIERS

LA COLONNE VENDOME

Photographié par Pierre Petit.

PARIS ET SES FORTIFICATIONS

AVEC LE NUMEROTAGE DES BASTIONS ET DES SECTEURS

5me SECTEUR   4me SECTEUR   3me SECTEUR

2me SECTEUR   1er SECTEUR

7me SECTEUR   8me SECTEUR   9me SECTEUR

COURBEVOIE   CLICHY   PANTIN   PRÉS S' GERVAIS   BAGNOLET   MONTREUIL   S' MANDÉ   BOIS DE VINCENNES   CHARENTON   GENTILLY   MONTROUGE   NEUILLY   S' JAMES   PUTEAUX

MONUMENTS

1 Palais des Tuileries	14 Hôtel des Invalides	26 Val de Grâce
2 Palais du Louvre	15 Hôtel de Ville	27 Ecole Militaire
3 Palais Royal	16 Hôtel de la Douane	28 Observatoire
4 Palais de Justice	17 Place de la Concorde	29 Opéra
5 Palais de l'Institut	18 Place Vendôme	30 Embt. de l'Ouest (r.d.)
6 Palais Corps Législatif	19 Place de la Bastille	31 Embt. du Nord
7 Palais de la Bourse	20 Eglise Notre Dame	32 Embt. de Strasbourg
8 Palais Luxembourg	21 Eglise de la Madeleine	33 Embt. de l'Ouest (r.g.)
9 Ministère de la Guerre	22 Eglise St. Sulpice	34 Embt. de Sceaux et Orsay
10 Ministère de la Marine	23 Eglise St. Augustin	35 Embt. d'Orléans
11 Halles Centrales	24 Eglise de la Trinité	36 Embt. de Lyon
12 Halle aux Vins	25 Panthéon	37 Embt. de Vincennes

chez Erhard 12, R. Duguay-Trouin.   PUBLIÉ PAR LE DAE DEROTTI ET DU GENIE ITALIEN 32 G. DE BEAUNE   Paris Imp. Monrocq 3 R. Suger

ENTRÉE DE L'ARMÉE

A PARIS

DIMANCHE 21 MAI 1871

RIVE DROITE

C'est sur la rive droite, par la porte de Saint-Cloud, au Point du Jour, que les troupes françaises sont entrées dans Paris.

Cette porte fut franchie, dans l'après-midi, par quatre compagnies de marins, bientôt suivies du corps entier commandé par le général Douay.

Voici les circonstances qui ont le plus favorisé cette opération militaire et évité à notre armée les pertes qu'elle eut éprouvées en donnant l'assaut qui devait avoir inévitablement lieu quelques jours plus tard par la brèche déjà rendue praticable :

Depuis la prise du fort d'Issy, les batteries de

Montretout balayaient le Point du Jour et le rendaient intenable pour les gardes nationaux, qui durent quitter ce poste et se cantonner derrière le viaduc.

Vers quatre heures de l'après-midi, un piqueur du service municipal de Paris, M. Jules Ducatel, monta sur les remparts, agita un mouchoir blanc attaché au bout de sa canne et fit signe aux soldats de s'avancer ; quatre compagnies de marins, commandées par le capitaine de vaisseau Trèves, étaient de garde dans la tranchée voisine. Ce capitaine s'approcha avec quelques hommes et apprit de M. Ducatel que la porte n'était point gardée et que les troupes pouvaient entrer dans Paris sans coup férir.

Les quatre compagnies passèrent sur une poutre le fossé des fortifications et, se jetant dans la ville, commencèrent une vive fusillade qui fit croire aux fédérés qu'un nombreux corps d'armée venait d'entrer.

Pendant ce temps, M. Ducatel fut conduit à Sèvres devant le général Douay ; il y subit un interrogatoire, après lequel le général se transporta au Point du Jour et donna l'ordre à de nouvelles troupes de soutenir les compagnies déjà engagées.

Ces divers mouvements absorbèrent le surplus de la journée; la nuit vint, les troupes formant le corps d'armée du général Douay s'étendirent le long des remparts, ouvrirent les portes voisines et s'avancèrent ensuite jusqu'au Trocadéro, en se massant en forces suffisantes, afin d'éviter d'être coupées.

— RIVE GAUCHE

L'armée de Versailles apprit bien vite l'entrée dans Paris.

Dès que le général de Cissey, qui se trouvait sur la rive gauche, en fut prévenu, il donna l'ordre à ses soldats d'enlever rapidement la porte de Sèvres; cet ordre fut exécuté aussitôt avec beaucoup d'élan; et la porte, dont une des chaînes avait été brisée, ne résista que faiblement.

Au moment de cette entrée, la nuit était déjà avancée; les soldats se dirigèrent vers l'École-Militaire et la cernèrent.

Le lendemain, aux premières lueurs du jour,

quelques fédérés voulurent sortir, mais ils se trouvèrent prisonniers ; l'armée les enveloppait.

Ensuite, l'Ecole fut occupée sans une grande résistance.

LA BATAILLE DANS LES RUES

LUNDI 22 MAI 1871

RIVE DROITE

Pendant que dans la nuit la Commune éveillait la population par la générale battue dans tous les quartiers et le tocsin sonné à toutes les cloches, le corps d'armée du général Ladmirault, suivant celui du général Douay, entrait à son tour par les portes de Passy et d'Auteuil.

Dans leur surprise, les bataillons fédérés se débandèrent et s'enfuirent.

Au château de la Muette, l'état-major fut fait prisonnier presque entièrement.

Le général Ladmirault, arrivé ainsi jusque dans

l'avenue de la Grande-Armée, attaqua et emporta la barricade en avant de l'Arc-de-Triomphe.

A sept heures du matin, le drapeau tricolore flottait au sommet de ce monument, et les obus venant de Montmartre essayèrent vainement de l'abattre.

De son côté, le corps du général Clinchant pénétrait aussi par les mêmes points et tournait les remparts à l'intérieur jusqu'à la hauteur de la place Péreire ; il descendit ensuite le faubourg Saint-Honoré, tandis que le général Montaudon, suivant le mouvement au dehors, opérait sur Neuilly, Levallois-Perret, Clichy et Saint-Ouen, où il enlevait aux fédérés 105 bouches à feu.

L'Arc-de-Triomphe enlevé, les troupes descendirent à la fois vers la place de la Concorde et le nouvel Opéra par l'avenue Friedland et l'ancien boulevard Haussmann.

Le corps du général Douay s'avança également par les quais jusqu'aux Champs-Élysées.

Nous n'indiquons, bien entendu, que le mouvement général, car il fallait prendre par toutes les rues et enlever les barricades dont elles étaient parsemées.

Dans le premier moment de stupeur où les avait

jetés l'attaque, la résistance des fédérés était beaucoup moins grande qu'on ne l'aurait supposé.

Vers onze heures du matin, la caserne de la Pépinière était au pouvoir du général Ladmirault.

Le général Clinchant continua à faire descendre ses troupes par le faubourg Saint-Honoré, d'un côté, et par les boulevards extérieurs, de l'autre. Dans la journée, il se trouvait établi à la hauteur de la place de l'Europe, au parc Monceaux et au nouveau collége Chaptal.

La gare Saint-Lazare avait aussi été prise et les troupes se trouvaient établies au bout de la rue du Havre, près des magasins du *Printemps.*

Aussitôt revenus à eux, les fédérés et la Commune s'occupèrent d'organiser la résistance et de reprendre l'offensive.

Les délégués se rendirent dans leurs arrondissements respectifs.

Le Comité de salut public, en permanence à l'Hôtel de Ville, confia la défense de Montmartre à Cluseret et celle de Belleville et de la Villette à Dombrowski.

Sur les boulevards, à tous les carrefours, dans toutes les rues, les fédérés arrêtaient les passants, réquisitionnaient les tonneaux vides, et même les meubles, et entassaient les pavés en barricades.

De temps en temps le canon tonnait dans la direction des Champs-Élysées, les obus tombaient dans les environs de la Bourse et de la Banque, les rares promeneurs se rangeaient près des maisons afin d'éviter les projectiles.

On crut d'abord que Montmartre bombardait les quartiers du centre ; c'était l'artillerie du parc Monceaux qui battait les principales positions des fédérés.

Vers sept heures, une vive fusillade éclata rue de Châteaudun ; l'avant-garde était à l'église de la Trinité.

Puis peu à peu le bruit cessa et l'on s'attendit à une nuit terrible.

RIVE GAUCHE

Dans la soirée de dimanche, le bruit se répandit dans plusieurs quartiers de la rive gauche que l'armée avait forcé l'enceinte et qu'elle occupait déjà quelques points extrêmes de la ville.

Bien que ce ne fût qu'une rumeur, cette nouvelle produisit partout une émotion excessive, et dès la première heure du jour des groupes se formèrent sur divers points.

Le premier acte d'hostilité armée contre la Commune a été accompli rue du Bac par quelques courageux citoyens, appartenant au 16ᵉ bataillon de la garde nationale.

A cinq heures du matin, le lieutenant-colonel Durouchoux (1) prévenait les commandants des 15ᵉ, 16ᵉ, 17ᵉ et 106ᵉ bataillons de l'entrée de l'armée à Paris, et leur donnait rendez-vous pour neuf heures du matin au square des Ménages.

Pendant que les capitaines commandants prévenaient les officiers et les hommes, un premier incident se produisait aux écoles de la rue du Bac.

Le sous-lieutenant Vrignault, porte-drapeau du 16ᵉ bataillon et rédacteur en chef du *Bien public*,

(1) M. Durouchoux est un notable négociant en vins dont la réputation honorable était justement méritée. Son acte héroïque laissera longtemps son souvenir dans l'esprit de ses concitoyens, car il a succombé à ses blessures.

aidé de l'adjudant payeur Guyard, qui a fait preuve dans ces deux journées d'une grande bravoure, enlevait le drapeau rouge qui se trouvait à l'école communale, rue du Bac, ainsi que celui qui était arboré au commissariat de police, rue de Varennes, et aux applaudissements des habitants du quartier, y substituait le drapeau tricolore. C'était la première fois que depuis la Commune le drapeau national était arboré dans Paris.

Peu de temps après, les deux membres de la Commune, Urbain et Sicard, parcouraient à cheval les rues du quartier Saint-Thomas-d'Aquin, excitant leurs adhérents à élever des barricades aux principaux carrefours, notamment à l'intersection des rues du Bac et de Grenelle.

Le colonel Durouchoux, prévenu, descendit dans la rue en uniforme ; il rallia le lieutenant Marin, de la 2ᵉ compagnie de guerre du 16ᵉ bataillon ; le sous-lieutenant Vrignault, porte-drapeau du 16ᵉ ; Cassan, sergent-major de la 1ʳᵉ compagnie de guerre du 16ᵉ, et Grandin, garde à la 3ᵉ sédentaire du 16ᵉ bataillon, et il se précipita, le sabre à la main, sur la barricade aux cris de « Vive la République ! A bas la Commune ! » — Les fédérés se dispersèrent devant cet élan, et le colonel s'engageait avec sa vaillante escorte dans la rue de Grenelle, lorsqu'un coup de feu, parti du n° 81, le frappa au cou et à l'épaule. Il fallut le transporter dans une ambulance provisoire, rue des Dames-de-la-Visitation-Sainte-Marie.

Lorsque ses compagnons revinrent au carrefour des rues du Bac et de Grenelle, ils y trouvèrent une poignée d'hommes accourus pour la défense de l'ordre, notamment le lieutenant Blamont, du 17e bataillon, qui avait planté le drapeau tricolore au milieu du carrefour.

Les gardes nationaux et les volontaires, au nombre de vingt-cinq environ, occupèrent les quatre maisons formant le carrefour. Un feu qui ne s'est guère ralenti pendant deux jours s'engagea entre cette poignée d'hommes et les fédérés établis à la grande barricade de la rue du Bac, en face du Petit-Saint-Thomas, à celle des rues du Bac et de Varennes; puis, plus tard, rue du Bac, à la hauteur de la rue de Babylone, et soutinrent pendant toute la journée une vive fusillade contre les fédérés établis à la barricade de la rue Bellechasse, à l'hôtel du ministère des travaux publics, enfin à l'hôtel de Chanaleilles.

L'exemple ainsi donné fut suivi par les gardes

nationaux du quartier qui avaient conservé leurs armes, ou qui ayant pu s'en procurer, vinrent se grouper autour de leurs camarades.

Ce point de la rive gauche, en attendant l'arrivée des troupes, a pu tout d'abord être dégagé de l'occupation insurrectionnelle ; afin de le défendre contre un retour offensif, une barricade fut élevée rapidement au coin de la rue de Babylone.

Vers une heure, un premier détachement d'infanterie, appartenant au 39ᵉ de ligne et faisant partie de la division du général Lacretelle, vint se joindre aux gardes nationaux.

De toutes les fenêtres on battait des mains, et des cris de « Vive la ligne ! à bas la Commune ! » retentissaient sur son passage.

En même temps, des arrestations de féderés et d'agents de la Commune s'opéraient dans le quartier.

Un premier convoi, composé de dix-sept prisonniers, en tête duquel marchaient un commandant d'artillerie et un officier d'état-major, fut conduit à la caserne Babylone.

Ces deux officiers et bon nombre de leurs codétenus y ont été fusillés sur-le-champ.

Pendant une partie de la journée, une fusillade

très nourrie a été échangée entre les défenseurs du quartier et des fédérés postés, les uns rue de Varennes, les autres sur le parcours de la rue du Bac.

Cette fusillade, sans être très meurtrière, a fait quelques victimes, parmi lesquelles un artilleur de la Commune qui était venu spontanément se joindre aux soldats de l'ordre.

A la fin de la journée, des troupes de ligne, en plus grand nombre, sont venues occuper militairement le quartier: elles appartenaient au corps d'armée du général de Cissey, chargé du commandement supérieur de la rive gauche, et qui, ainsi que nous l'avons dit, étant entré, la veille, par la porte de Sèvres, avait, dès le matin, établi son quartier-général à l'École militaire, ayant sous ses ordres deux divisions, celle du général Lacretelle, quartier-général place Breteuil, et celle du général Levasseur, quartier-général chaussée du Maine. Les troupes occupèrent aussi les Invalides et la caserne Babylone.

La nuit vint, et sur la rive gauche tout fut relativement tranquille.

MARDI 23 MAI 1871

RIVE DROITE

Depuis minuit, le canon n'a cessé de se faire
entendre; Montmartre essayait de démonter les
batteries du parc Monceaux, qui répondaient formi-
dablement.

Vers sept heures du matin, une partie du corps
du général Clinchant, ayant en tête le 3ᵉ régiment
provisoire de ligne, colonel Bréard, un vrai soldat
et un très habile officier, traversait la place de
l'Europe, établissait sous le feu de l'ennemi une
barricade pour combattre celle de la rue Saint-Pé-
tersbourg, qui ne tarda pas à être enlevée, ainsi

que toutes les autres successivement jusqu'à la place Clichy.

Alors la barricade fédérée de la place Blanche se mit à balayer furieusement la rue Blanche et la rue Pigalle, pendant que celle établie près du Vaudeville balayait la chaussée d'Antin et tirait à toute volée sur la Trinité ; la balustrade du balcon de cette église, placée sous le cadran de l'Horloge, a été entièrement brisée; l'entablement a une des ses corniches emportées, et la façade est frappée de nombreux projectiles.

Pour avancer sur le boulevard et pénétrer jusqu'à la place Vendôme, il fallait enlever la barricade de la chaussée d'Antin. Sous le feu même de cette barricade, des canons et des mitrailleuses furent établis sous le porche de la Trinité, et réduisirent bientôt au silence la canonnade ennemie, pendant que, placés avec leurs petites pièces de montagne près des magasins de la *Capitale*, les marins contribuaient puissamment à la rendre intenable.

Vers cinq heures et demie, elle était enlevée par un bataillon de la colonne du général L'Hérillier.

La barricade du nouvel Opéra, prise par derrière, fut évacuée, et les troupes s'emparèrent également sans trop de peine de la place Vendôme.

Malgré de pareils combats, les troupes chemi-
naient promptement, mais avec la plus grande
prudence ; elles traversèrent successivement la rue
Moncey, la rue Labruyère, la rue Léonie et la rue
Chaptal ; au moment même où elles allaient s'élancer
par la rue Pigalle sur la place Blanche, un autre
corps s'emparait de la barricade par le boulevard
extérieur.

L'armée s'engagea immédiatement dans la rue
Notre-Dame-de-Lorette ; mais pour enlever la
barricade qui la fermait près de l'église, il a fallu
percer deux maisons et l'attaquer d'en haut. Elle
put enfin être enlevée après un combat très vif,
dont l'église et les maisons voisines portent de
nombreuses traces : les devantures des magasins sont trouées, les glaces sont pulvérisées, et
l'église, jusqu'au haut du clocher, est criblée de
balles.

C'est à cette barricade, et en la défendant jusqu'au dernier moment, que Brunereau, marchand
de fourrures et commandant du 117ᵉ bataillon de
la garde nationale, a été fusillé. Sa fille et son
gendre, qui tiraient sur la troupe, étant placés à
l'entresol au-dessus de leur magasin, y ont été également passés par les armes.

Peu après, l'attaque du faubourg Montmartre commençait. L'on s'empara d'une formidable barricade établie rue de Châteaudun; mais la résistance fut longue et le combat se prolongea jusqu'à la fin de la journée.

Vers deux heures de l'après-midi, le bruit s'était répandu que la terrible position de Montmartre était enlevée. On voyait, en effet, le drapeau tricolore flotter sur le moulin de la Galette et la tour Solférino.

Les Batignolles ayant été occupées dans la matinée, une division avait tourné Montmartre et l'attaquait à l'ouest par le cimetière, pendant qu'une autre division l'abordait de front par la rue Lepic. Tout le parc d'artillerie tomba au pouvoir des troupes. Les fédérés, surpris, s'enfuirent en toute hâte du côté de la Villette, car ils ne supposaient nullement que les buttes Montmartre seraient le premier objectif de l'armée; ils espéraient, au contraire, pouvoir les conserver comme dernière retraite, et, **avec** l'immense artillerie qu'ils y avaient accumulée, s'y défendre à outrance; mais alors c'en était fait des habitants du centre de Paris, tous y auraient infailliblement péri. C'est donc un grand bonheur pour cette partie de la grande cité que l'attaque de cette position stratégique si importante ait eu lieu tout d'abord.

Nous avons vu, vers les cinq heures du soir, les soldats se répandre autour du collége Rollin, la baïonnette en avant, et livrer une dernière lutte à ceux des fédérés qui s'y étaient réfugiés. Parmi eux, un capitaine, qui persista à ne vouloir pas se rendre, fut fusillé sur-le-champ ; il mourut bravement, agitant son képi au bout de son sabre, et criant : Vive la Commune ! Sa malheureuse femme est venue le reconnaître deux jours après à la même place.

Au faubourg Montmartre et rue Drouot le combat, toujours acharné, se prolongea fort avant dans la soirée, ainsi qu'au boulevard Rochechouart.

RIVE GAUCHE

Dès le matin, les fédérés s'étant fortifiés dans le passage Sainte-Marie, et ayant occupé les maisons voisines, notamment celles qui font le coin de la rue Saint-Dominique-Saint-Germain, engagèrent une fusillade très vive, à laquelle, n'étant pas en nombre, on ne pouvait riposter que faiblement ; prévenu de ce fait, le général Lacretelle envoya, vers midi, deux régiments, les 39ᵉ et 41ᵉ de ligne, soutenus par trois pièces d'artillerie ; ces pièces, mises en position, entretinrent pendant toute l'après-midi, contre le passage Sainte-Marie, une vigoureuse canonnade, qui, jointe aux feux de l'infanterie, rendit, vers le soir, le poste intenable pour les fédérés ; ceux-ci avaient pourtant l'avantage d'une situation dominante, tirant soit des fenêtres, soit même des toits sur lesquels ils étaient montés.

En même temps, tant par la rue de Sèvres que par les autres issues, une première tentative était faite par la troupe contre une barricade formidable, établie à la Croix-Rouge.

Les soldats, auxquels les habitants ont fait le plus chaleureux accueil, leur distribuant des vivres et des rafraîchissements, ont passé la nuit dans les rues mêmes qu'ils avaient occupées la veille et dans les cours des maisons.

A la fin de la journée, l'armée était maîtresse de toute la rive gauche, depuis l'Ecole-Militaire jusqu'à la rue du Bac ; mais avant d'évacuer leurs positions, les fédérés y avaient laissé des traces de leur passage ; dans les premières heures de la soirée, un incendie, qui n'était pas encore éteint le lendemain, s'attaquait à tout le pâté de maisons comprises entre les rues du Bac, de Verneuil, de Beaune, le quai d'Orsay, le Conseil d'Etat et la Légion d'honneur.

D'ailleurs, des nuages de fumée, envahissant le ciel dans la direction du quai, apprenaient aux habitants de la rive gauche qu'ils n'avaient point seuls à lutter contre le feu et que la rive droite n'était pas davantage épargnée.

Autant qu'on pouvait en juger, ces sinistres lueurs provenaient de la rue Royale, du Ministère des finances, des Tuileries et du Louvre qui étaient en flammes.

Des détonations d'artillerie, plus ou moins lointaines, ont attesté, pendant toute la nuit, l'acharnement du combat.

Il est tombé de nombreux projectiles dans le quartier....

MERCREDI 24 MAI 1871

RIVE DROITE

La nuit n'arrêta pas la bataille ; elle se pour-
suivit plus acharnée sur presque tous les points, à
mesure que la résistance devenait plus désespérée.
Depuis la veille, à trois heures du soir, jusqu'à
onze heures du matin, les barricades du boulevard
Ornano et du boulevard Magenta, derrière Saint-
Vincent-de-Paul, furent l'objet d'une attaque des
plus vives par l'armée régulière. Les fédérés répondaient avec la même énergie : le plomb des
balles, la mitraille et les obus qui ont été échangés
entre ces positions formaient un monceau immense
de débris ; ce n'est qu'en faisant des efforts inouïs

que nos soldats ont pu enlever ces barricades, et continuer ainsi leur marche pour occuper la gare du Nord.

La place de la Concorde et la rue Royale venaient d'être enlevées et on tourna aussitôt la barricade de la rue Saint-Florentin. Les fédérés, sentant qu'il fallait abandonner leurs positions, commencèrent cette série de forfaits qu'il est peut-être possible de raconter sans colère, mais non pas sans la plus profonde indignation.

Déjà, des maisons de la rue Royale étaient incendiées avec du pétrole lancé par des pompes ; on tirait sur les personnes qui tentaient d'éteindre le feu, et bien des gens réfugiés dans les caves y ont péri d'asphyxie ou ont été écrasés sous les décombres. L'âme se soulève d'horreur à la pensée de pareilles monstruosités. Ceux qui les ont commises doivent avoir leur place marquée hors de l'humanité.

Aux premières lueurs du matin, les Tuileries brûlaient ; l'incendie gagnait le Louvre. On doit la conservation de ce monument aux marins, qui, se trouvant dans la rue des Saints-Pères, et voyant le danger, enlevèrent la barricade de l'Institut, passèrent le pont des Arts, et escaladèrent les jardins, d'où ils purent parvenir au foyer de l'incendie.

Après les Tuileries, ce fut le tour du Palais-Royal, puis celui de l'Hôtel de Ville.

Les troupes poussaient toujours en avant. Partout sur leur passage les maisons se couvraient des couleurs nationales. L'Hôtel de Ville, ou du moins la place, était occupée dans la soirée, car ce monument venait d'être incendié.

Du côté de la rue Lafayette, la lutte était fort vive ; le collége Rollin était pris, la barrière Rochechouart, le faubourg Montmartre et la mairie de la rue Drouot étaient occupés ; mais les fédérés se maintenaient au square Montholon, en même temps que de toutes leurs positions élevées du côté de Belleville et des buttes Chaumont, ils lançaient des obus dans toutes les directions, malgré le bombardement que Montmartre leur faisait subir. Ce n'est qu'assez avant dans la journée que le square a été enlevé. Enfin, dans la soirée, on enlevait les barricades de la porte Saint-Denis.

Mais il n'a pas été possible de dégager assez tôt le théâtre de la Porte-Saint-Martin et d'éviter son incendie.

RIVE GAUCHE

La journée de mercredi a été terrible; on s'est réveillé aux lueurs de l'incendie, qui ont continué pendant tout le jour à embraser les divers points de l'horizon. On se serait endormi, si le sommeil était possible dans de pareils moments, au bruit d'une canonnade furieuse, dont les nuits les plus sinistres du bombardement prussien ne donnent pas même une idée.

L'heure de l'action décisive était venue; il s'agissait de se rendre maître des positions où les fédérés avaient établi sur la rive gauche leur centre de résistance. A onze heures du matin, deux divisions d'infanterie, accompagnées d'une artillerie nombreuse, de leurs voitures de munitions, de bagages et d'un détachement de gendarmes à cheval, ont défilé dans la rue du Bac. Une partie de ces troupes a suivi la direction du quai; l'autre a marché sur le carrefour de la Croix-Rouge par la rue de Varennes; il fallait enlever la barricade qui y était établie, puis celles de la place Saint-Sulpice, pour se rabattre ensuite par le boulevard Saint-Michel sur l'Hôtel de Ville.

La barricade de la Croix-Rouge avait été établie, par les fédérés, dans des conditions de force extraordinaire ; elle était armée de canons. Pour en dégager les abords, quatre maisons avaient été incendiées, *par ordre*, au moyen de bonbonnes et de tourilles de pétrole.

Voici la formule textuelle de l'ordre susdit :

« Autorisation au porteur de la présente de dé-
« truire par la sape, par la mine, par le feu, tout
« établissement public ou privé nuisant à la défense
« de la Commune. » Sachons gré au signataire de cet ordre d'avoir eu la pudeur de ne pas écrire : Nuisant à la défense de la République.

Sachons gré encore à ceux qui l'ont exécuté d'avoir donné *cinq minutes* aux habitants des maisons condamnées pour enlever leurs objets précieux.

Dans la soirée, les troupes étant maîtresses de la Croix-Rouge et de la place Saint-Sulpice, s'étendirent dans la direction du boulevard Saint-Michel.

En même temps, une action était engagée contre

le quartier de Montrouge, où les fédérés demeuraient cantonnés d'une façon formidable.

Vers dix heures, la canonnade était absolument furieuse, les détonations se succédaient sans interruption. Pendant tout la journée, le quartier a reçu de nombreux obus, et même des boîtes à mitraille.

Des bombes incendiaires ont déterminé des commencements d'incendie sur plusieurs points, notamment rue Barbet-de-Jouy et dans les combles de la maison des sœurs de Saint-Vincent-de-Paul.

Dans le courant de la journée, l'explosion d'une poudrière au Luxembourg a occasionné dans tout le quartier une commotion violente.

Presque à la même heure, une grande partie de la rue Vavin était livrée aux flammes.

En présence des incendies qui se multipliaient et qui étaient évidemment, chez les fédérés, un acte prémédité de leur défense sauvage, toutes les précautions avaient été prises pour tenir en garde le quartier contre de criminelles tentatives. Les gardes nationaux firent un service de surveillance et de police qui assura la sécurité des habitants, et arrêtèrent impitoyablement tout passant suspect.

Nous avons vu ainsi saisir plusieurs femmes,

puisque malheureusement certaines d'entre elles servaient d'auxiliaires à l'insurrection.

Au résumé, cette troisième journée de combat se termina d'une façon non moins sinistre que celle de la veille.

Rues obscures, dont le silence est troublé par le passage des patrouilles et le cri de veille des sentinelles; détonations multipliées. A l'horizon, du côté de la Seine, immense lueur rougeâtre, qui mettait sur le ciel embrasé comme un dais sanglant.

JEUDI 25 MAI 1871

RIVE DROITE

La nuit du 24 a été plus terrible encore que la précédente. La lueur des incendies augmentait à chaque instant. Le courage admirable de l'armée surmonta tous les obstacles. Les opérations sur les boulevards extérieurs continuèrent vers les buttes Chaumont; les dernières barricades de la rue Lafayette furent enlevées, et au centre on poussa de la Porte-Saint-Martin à la place du Château-d'Eau, où la caserne fut occupée; on s'avança dans la direction de la Bastille. Vers neuf heures, les troupes occupaient la place des Vosges. Les fédérés se défendaient à outrance. D'un autre côté, on attaquait les Archives, qui ont été prises dans la nuit, éclairées par l'immense incendie du Grenier-d'Abondance et d'un énorme dépôt de charbon de terre.

Les incendies continuaient avec une intensité plus grande encore, s'il se peut, que les jours précédents. A dix heures, l'horizon était éclairé par la lueur de huit foyers incandescents. Le plus considérable était celui des docks de la Villette et, de ce côté, disait-on, le feu avait gagné toutes les maisons voisines.

A Bercy, l'église et la mairie ne sont plus qu'un amas de décombres. Il devait en être ainsi des Entrepôts. Heureusement ils ont pu être sauvés. Le tonneau de pétrole qui devait servir à l'incendie et que conduisaient quelques fédérés a été atteint par un obus, deux fédérés ont été tués ; les autres ont dû s'enfuir pour échapper aux flammes.

On a pu préserver aussi la Halle-aux-Vins, quai Saint-Bernard. Ceux qui devaient allumer l'incendie ont été arrêtés.

Le Théâtre-Lyrique, malgré son apparence extérieure, est entièrement brûlé.

Le théâtre de la Porte-Saint-Martin et les maisons formant tout le coin du restaurant Deffieux sont également brûlés et détruits.

L'arc triomphal de la porte Saint-Martin a beaucoup souffert.

L'Hôtel-Dieu lui-même, rempli de malades, a failli ne pas être épargné.

La veille, la façade du ministère des finances s'était écroulée, et le feu continuait toujours ses ravages du côté de la rue Castiglione.

RIVE GAUCHE

Le faubourg Saint-Germain, très éprouvé dans la partie qui s'étend de la rue Saint-Dominique jusqu'au quai d'Orsay, par la rue du Bac, était calme ; on pouvait enfin parcourir ses rues désolées, mais on se trouvait arrêté par les terribles effondrements de la rue de Lille, au coin de la rue de Verneuil et de la rue du Bac.

En gagnant les Invalides, on aperçoit de sérieux dégâts au ministère des affaires étrangères. Le siége de ce monument a duré longtemps.

Il y a eu cinq hommes blessés. Les troupes de marine, admirables d'entrain, l'ont sauvé, ainsi que le Corps législatif. Toute la façade du quai est affreusement attaquée et ne présente qu'une ruine continue. Le monument a eu à supporter le bombardement des canonnières que les fédérés avaient réunies sur la Seine. Si l'on pénètre dans l'intérieur, dont un des fonctionnaires venus de Versailles, dès lundi, avait pris possession au nom du gouvernement, on trouve tous les salons du rez-de-chaussée, servant aux grandes réceptions, celui dit de la Paix, enfin les salons particuliers du premier étage, entièrement abîmés et dans l'état le plus pitoyable.

C'est là cependant que le maréchal de Mac-Mahon a établi son quartier général.

Les premières troupes qui ont occupé le monument sont le 2ᵉ régiment d'infanterie et les gardiens de la paix.

Un homme, porteur d'une bombe à pétrole, venu pour incendier le ministère, y a été fusillé et enterré près de la porte du quai.

La place Saint-Sulpice n'a pas subi d'aussi grands désastres qu'on l'avait supposé d'abord ; le grand séminaire n'est pas brûlé ; l'attention était tout entière à la Croix-Rouge, point stratégique important, et pour lequel la Commune avait réservé des moyens de défense considérables.

Le palais du Luxembourg est endommagé, ses vitres cassées, mais heureusement il est intact pour le reste.

Le Panthéon a souffert d'un long bombardement; sa façade est criblée; dans ce quartier, la résistance, assez longue, a occasionné de graves dommages. C'est sous le portique de ce monument que Millière a été fusillé.

Mais où l'action était le plus intense, c'est au boulevard Saint-Michel, hérissé de nombreuses barricades établies dans des conditions les plus imposantes.

Le Palais de Justice est complètement incendié, et la Sainte-Chapelle a été préservée comme par miracle.

JONCTION DES TROUPES

VENDREDI 26 MAI 1871

Les fédérés étaient massés en nombre entre la place du Château-d'Eau et la Bastille et ils résistèrent énergiquement, surtout à la barricade élevée à l'angle de la rue du Temple et des boulevards ; les Magasins-Réunis furent pris à la baïonnette ; les fédérés, chassés de la place du Château-d'Eau, où ils ont subi des pertes énormes, après un combat qui a duré toute la matinée, se concentrèrent, en fuyant, dans les premières maisons du faubourg Saint-Antoine. D'autres fédérés qui occupaient Bercy, d'où il a fallu les déloger, se sont réunis aux premiers.

Le combat fut on ne peut plus acharné dans le quartier et la rue du Petit-Musc. Après une lutte prolongée, la place de la Bastille fut enlevée et les fédérés rejetés de l'autre côté du canal; le onzième arrondissement tomba entièrement au pouvoir de la troupe, qui occupa aussi la gare de Lyon et la prison de Mazas.

Là aussi l'incendie a fait des ravages considérables.

La plupart des maisons bordant la place de la Bastille sont brûlées; une grande partie du boulevard Beaumarchais, du côté du canal, est en ruines; il y avait là, on le sait, des chantiers de bois qui offraient un aliment à l'incendie; un certain nombre de maisons de la rue Sedaine ont été sérieusement atteintes.

Les fédérés avaient accumulé des barils de pétrole au pied même de la colonne de Juillet, qui est fort endommagée et percée de nombreux projectiles; l'un d'eux n'ayant pu la traverser entièrement, y est resté incrusté et n'est sorti qu'à moitié du côté opposé.

Sur la rive gauche, des résultats importants avaient été obtenus. Le général de Cissey, en quittant son quartier-général transporté au Panthéon, s'avança jusqu'à la barrière Saint-Jacques, et dans la matinée s'est rendu maître de la Salpêtrière.

En même temps, les brigades Bocher et Dumont s'emparaient de la place d'Italie, tandis que le général Lacretelle prenait possession de la gare d'Orléans.

Les troupes sont malheureusement arrivées trop tard pour dégager les Gobelins, qui venaient de prendre feu.

L'insurrection était vaincue du côté du quartier Mouffetard et de la barrière d'Italie.

Le général de Cissey avait fait cinq à six mille prisonniers.

Le matin, le 36ᵉ régiment de ligne, de onze heures et demie à une heure de l'après-midi, a enlevé les barricades situées dans le haut de la rue Lafayette, à l'angle des faubourgs Saint-Denis et Saint-Martin.

De là, le 36ᵉ a marché sur la Villette et a attaqué la barricade du Rond-Point. Plusieurs compagnies ont tenté de tourner la position. Les fédérés possédaient sur ce point deux mitrailleuses. Ils ont fait seize décharges et n'ont touché aucun des assaillants. Enfin, à une heure, ils se sont retirés d'eux-mêmes, entraînant avec eux les deux mitrail-

leuses, qu'ils ont mises en batterie derrière la barricade de la rue d'Aubervilliers, abandonnant ainsi
celle située à l'angle de la route d'Allemagne et de
la rue Puebla.

SAMEDI 27 MAI 1871

Depuis 24 heures, nos infatigables soldats et leurs généraux ont fait de grands pas en avant. Le général Ladmirault, quittant la place du Château-d'Eau, la caserne du Prince-Eugène et les Magasins-Réunis, s'est porté vers les Douanes centrales et s'en est emparé, ainsi que du canal Saint-Martin et du bassin de la Villette.

Le général Clinchant, qui lui sert de soutien par son aile gauche, appuie lui-même son centre sur la rue de Malte et l'ex-cirque Napoléon. Quant à la droite et à l'extrême droite de ce même général, elles appuient, par le boulevard Richard-Lenoir et la place de la Bastille, la gauche du général Vinoy.

Le drapeau tricolore a été arboré sur la colonne de Juillet, à côté du génie de la Liberté.

Le général Vinoy, à son tour, s'est définitivement emparé de toute la partie de Paris comprenant Bercy, Saint-Mandé, la place du Trône, jusqu'au chemin de Montreuil.

Il opère un vaste mouvement tournant, qui rejette sur Charonne et le cimetière de l'Est les tronçons de l'insurrection.

L'artillerie bat vigoureusement en brèche la Villette, Belleville, Ménilmontant et le Père-Lachaise.

Montmartre a bombardé d'une manière formidable toutes les positions fédérées ; dans l'après-midi surtout, le feu était incessant et paraissait avoir réduit complètement au silence plusieurs batteries de l'ennemi.

Le *Journal officiel* annonçait même que le gouvernement avait reçu la nouvelle de la prise des Buttes-Chaumont par les troupes du général Ladmirault.

FIN DE LA LUTTE

DIMANCHE 28 MAI 1871

Il semblait, à mesure que cette funeste bataille d'une semaine touchait à sa fin, que les fédérés, dans un effort désespéré, avaient plus de ténacité encore ; mais nos soldats n'avaient rien perdu de leur entrain des premiers jours. Leur courage leur fit surmonter tous les obstacles.

La lutte était si vive dans la matinée, qu'on n'osait espérer une fin si prochaine.

Les barricades de la rue Saint-Maur et du faubourg du Temple furent longues à enlever, les balles sifflaient encore à une heure sur la place du Château-d'Eau.

Mais les féderés étaient serrés de plus en plus et complètement cernés entre le canal Saint-Martin et le faubourg du Temple.

Un grand nombre d'entre eux mirent bas les armes, après avoir épuisé toutes leurs munitions.

D'autres furent pris au moment où ils brûlaient leur dernière cartouche ; c'est environ vers cinq heures que la troupe s'emparait de tout le quartier et les faisait prisonniers jusqu'au dernier ; parmi eux se trouvaient quelques membres de la Commune, restés jusqu'alors introuvables.

Plusieurs convois de prisonniers sont passés dans l'après-midi sur les boulevards.

Un premier groupe de douze à treize cents hommes, ainsi que quelques femmes ; puis, plus tard, quatre ou cinq mille environ.

Beaucoup d'entre eux étaient revêtus de l'uniforme de la ligne, sous lequel nos soldats viennent de se montrer si dignes.

On avait retourné les capotes sur le dos des prisonniers, et on les fit mettre à genoux un instant, en passant devant l'église de la Trinité.

Ces convois étaient escortés de cavaliers, revolver au poing.

C'est ainsi que se termina cette fatale semaine de guerre civile, pendant laquelle, du matin au soir et du soir au matin, passaient sur nos têtes des milliers d'obus partant des buttes Montmartre, et fendant l'air de leur sifflement sinistre.

LE VIADUC D'AUTEUIL

Photographié par Pierre Petit.

MONUMENTS INCENDIÉS

POINT DU JOUR

Toutes les ruines, tous les sinistres, tous les désastres de l'intérieur de Paris ne sont rien en com-
paraison de ceux du Point du Jour : pas une maison, pas un pan de mur n'est resté debout. Jamais
bombardement n'a été plus effroyable que celui de
ce malheureux endroit. Pendant quinze jours, sans
interruption, toutes les redoutes établies sur les
hauteurs, entre Meudon et Châtillon, n'ont cessé
de lui envoyer des projectiles.

Les habitants, effrayés, avaient, dès le premier
jour, abandonné leurs maisons pour se réfugier

dans l'intérieur de Paris; beaucoup n'avaient pu faire un déménagement complet, un grand nombre même, dans leur terreur, s'étaient enfuis sans rien emporter.

LE VIADUC D'AUTEUIL

Ses voûtes sont effondrées, son parapet entièrement démoli; la voie est transpercée dans presque toute sa longueur; les rails et le ballast sont complètement enlevés; il faudra faire des travaux importants pour rendre le viaduc d'Auteuil à la circulation.

LA GARE D'AUTEUIL

Se rappelle-t-on cette gare originale, ayant l'aspect d'une serre, construite sur un remblai à l'extrémité du viaduc, où l'été, tous les dimanches, un véritable siége était entrepris par les Parisiens en promenade. Cette station, aujourd'hui, n'est plus qu'une ruine informe ; la gare s'est écroulée sous les projectiles qui sont venus s'abattre sur elle par milliers ! rien n'est resté debout, tout s'est effondré, tout est démoli.

Les environs de cette gare sont aussi dans un état affreux ; les restaurants, les cafés et tous les établissements qui l'avoisinaient ont disparu ; leurs

3.

ruines ne permettent même pas de distinguer les endroits où ils se trouvaient.

L'intérieur d'Auteuil, à part quelques quartiers, n'est point extrêmement abîmé.

La villa Montmorency et quelques propriétés de la rue de La Fontaine, ont beaucoup souffert ; le marché a reçu une grande quantité de projectiles, mais n'a que sa toiture endommagée.

Aucun incendie n'a eu lieu dans cet arrondissement, quoique les fédérés eussent fait des préparatifs pour détruire et faire sauter tout Auteuil ; les rues étaient minées, une provision de pétrole avait été amenée dans chaque maison ; le pays devait être anéanti pendant l'entrée des troupes régulières; mais toutes ces épouvantables combinaisons durent être abandonnées. L'armée de Versailles fit son entrée et les fédérés se replièrent en désordre sur Paris, oubliant d'accomplir leur œuvre de destruction.

L'AVENUE DE NEUILLY

LA RUE ROYALE

Photographié par Pierrre Petit.

AVENUE DE NEUILLY

Au lendemain du siége, alors que les Prussiens quittaient Paris après leur piteuse entrée, il n'y avait pas trace de bombes ou d'obus dans toute la splendide voie qui s'étend depuis l'Arc de Triomphe jusqu'au rond-point de Courbevoie.

Hélas ! le mal que la guerre étrangère n'avait pas fait, la guerre civile s'est chargée de le faire : il y a là maintenant assez de ruines pour que ce chemin désolé soit la digne entrée de Paris incendié.

Nous avons examiné les blessures de l'Arc de l'Étoile ; une seule partie du monument a reçu une grave atteinte : c'est le bas-relief de la *Résistance ;* le vieillard qui se serre contre le genou du jeune guerrier a le visage complètement broyé par un obus ; perte regrettable, car cette figure était pleine d'expression.

Des ouvriers travaillent activement à faire disparaître la grande barricade qui barre le haut de l'avenue de la Grande-Armée. A partir de cette barricade, vraie montagne de pierre et de terre, commence la région désolée qui ne se termine qu'au sommet de la colline de Courbevoie.

Tout le long de l'avenue de la Grande-Armée, pas un banc, pas un réverbère, pas un arbre qui ait résisté. Les maisons sont trouées de toutes parts, et les plus rapprochées de la porte Maillot n'existent plus.

Quant à la porte elle-même et aux terrassements avancés qui la protégeaient, nous ne les mentionnons que pour mémoire. Le mur d'enceinte est émietté et s'éparpille en poussière.

En pénétrant dans l'avenue de Neuilly, on aperçoit à droite la chapelle Saint-Ferdinand, élevée, comme chacun sait, sur l'emplacement où mourut le duc d'Orléans. Par le plus étrange des hasards, ce monument ne semble pas avoir souffert : les obus l'ont épargné, et il a trouvé grâce devant l'incendie.

On est surpris de voir que l'avenue de Neuilly a été beaucoup moins endommagée que l'avenue de la Grande-Armée. Ce fait s'explique facilement : les batteries versaillaises, placées sur la pente de Courbevoie, pointaient leur tir au-dessus de la porte Maillot ; par conséquent, la plupart des projectiles ne pouvaient atteindre l'avenue de Neuilly, située en contre-bas ; ce n'est qu'à partir de l'église, à mesure qu'on se rapproche du pont, que l'on trouve de nouveau la désolation la plus complète.

Là, chaque maison a été assiégée, défendue, bombardée comme une citadelle. A vrai dire, nous ne croyons pas que ces luttes acharnées, qui ont coûté beaucoup d'hommes de part et d'autre, aient eu jamais grande importance stratégique, ni pour les fédérés ni pour les versaillais. La porte Maillot et le pont de Neuilly ont fourni bien des bulletins aux deux partis ; c'étaient pour eux des positions où ils pouvaient facilement calmer l'impatience de leurs soldats en les mettant aux prises ; mais la clef de Paris était ailleurs : l'événement l'a prouvé.

La voûte de l'église de Neuilly a aussi beaucoup souffert ; la pluie tombe dans la nef par vingt endroits.

Sur les deux rives de la Seine, les parapets de

tête du pont sont bouleversés : les blocs qui les forment ont été descellés et jetés sur le quai comme de simples pavés.

Les maisons qui forment l'angle du quai de Courbevoie ont eu le sort qu'ont toujours dans les guerres de rues les édifices situés en pareille position : elles ont été éventrées jusque dans leurs plus intimes profondeurs.

L'avenue de Courbevoie, qui était le principal objectif des fédérés, a été plus épargnée que l'avenue de la Grande-Armée, principal objectif des versaillais : cela dénote le mérite respectif des pointeurs de chaque parti.

<hr>

PALAIS DE L'INDUSTRIE

Par un hasard remarquable, au palais de l'Industrie, dans le vitrail où la France est représentée recevant les puissances de l'Europe, la figure allégorique de la France a été épargnée; elle n'a reçu qu'une petite saignée au bras que lui a faite un projectile.

PLACE DE LA CONCORDE

Les monuments de la place de la Concorde ont peu souffert :

L'un des beaux trophées qui couronnent le ministère de la marine a failli être détruit, la cuirasse qui se dresse au centre est presque enlevée.

L'hôtel Crillon, connu sous le nom de garde-meubles,

Les chevaux de Marly,

L'obélisque du Louqsor, sont pour ainsi dire intacts.

Mais les lampadaires, les candélabres, les balustrades, l'une des magnifiques fontaines et plusieurs des statues allégoriques de nos villes principales, ont été renversés par les balles et les obus.

La statue de la ville de Lille a eu tout le buste emporté.

Et celle de la ville de Strasbourg, encore jonchée de ses couronnes et de ses drapeaux, semble avoir été préservée par l'auréole de gloire qui l'entoure.

Les canons de la formidable barricade qui existait au coin de la rue Saint-Florentin et du jardin des Tuileries (véritable, mais, hélas ! triste chef-d'œuvre dans son genre), l'auraient infailliblement pulvérisée si l'armée assiégeante eût attaqué cette barricade de front au lieu de la tourner comme elle l'a fait.

RUE ROYALE

Dans la rue Royale, le pâté de maisons compris entre la Madeleine et le faubourg Saint-Honoré a été entièrement consumé ; ce n'est plus qu'un monceau de décombres.

Treize édifices ont été complétement anéantis par l'incendie ; il n'en reste rien, absolument rien que les ruines encore fumantes. La maison Aurelly, un des plus anciens et des plus renommés magasins de Paris, n'existe plus.

L'incendie s'est arrêté au n⁰ 5 du faubourg Saint-Honoré, où se trouve la maison de mercerie *à la Pensée*. Le magasin du pâtissier de la rue Royale, où s'arrêtaient généralement les promeneurs des Champs-Élysées, est entièrement brûlé, ainsi que le bureau d'omnibus et la maison de déménagements au coin du faubourg.

En face, la maison n⁰ 422 de la rue Saint-Honoré est également détruite ; le feu y a consumé une collection inestimable de tableaux du célèbre

peintre Decamps, dont sa veuve n'avait voulu se
défaire à aucun prix. Perte irréparable pour les
arts !

De nombreuses victimes ont été ensevelies sous
les décombres. On cite, entre autres, une jeune
femme qui a été brûlée au n° 17 de la rue Royale,
avec un enfant qu'elle allaitait. Le feu a été mis
dans la nuit du 22. Les incendiaires se firent
ouvrir toutes les portes à une heure du matin, et
sans avertir les locataires, ils répandirent du
pétrole dans tous les escaliers, et l'allumèrent;
quelques instants après tout le quartier était en
flammes.

La maison qui est située à l'angle du faubourg
s'est écroulée, ensevelissant sous ses ruines onze
personnes ! sept cadavres seulement ont pu être
retirés.

Dans cette même rue, trois hommes, portant le
costume des pompiers, ont été surpris jetant du
pétrole pour attiser l'incendie ; ils ont été immédiatement arrêtés, conduits au ministère de la marine,
puis fusillés dans le fossé au pied de la barricade
de la rue Saint-Florentin.

Deux femmes arrêtées dans les mêmes circonstances ont subi le même sort.

LA MADELEINE

La Madeleine est peu abîmée. Le frontispice de Lemaire et les portes de bronze de Triqueti, qui sont les seuls motifs décoratifs regardant la rue Royale, n'ont presque rien éprouvé; quelques chapiteaux et un ou deux fûts de colonnes ont été atteints par les obus, mais cela est réparable.

NOUVEL OPÉRA

Un des groupes dorés qui surmontent l'attique du nouvel Opéra, celui de gauche, a été percé par une dizaine de balles parties des maisons voisines. Ces taches noires sur le métal brillant, font d'en bas l'effet de grosses mouches immobiles et se chauffant au soleil. Les projectiles ont facilement transpercé le métal très mince, puisque ces groupes sont en galvanoplastie, et n'ont endommagé que la place restreinte qu'ils emportaient dans leur coup rapide.

On se rappelle que Gumery, sculpteur de ces groupes d'une fière et solide allure, est mort de consomption à la fin du siége par les Prussiens.

LA TRINITÉ

L'église de la Trinité a vu la pierre, blanche et tendre encore, de sa façade s'effriter sous les obus qui partaient de la barricade élevée à l'entrée de la rue de la Chaussée-d'Antin. La porte du milieu de cette svelte église, qui rappelle par son étroitesse et son élévation les campaniles élégants de la renaissance, semble avoir servi de point de mire. Les sculptures ont été généralement épargnées : c'est l'important, les motifs décoratifs étant facilement remplaçables par la substitution de pierres neuves que l'on raccorde sur place.

MINISTÈRE DES FINANCES

Il ne reste plus de cette vaste construction, qui s'étendait, dans la rue de Rivoli, depuis la rue de Luxembourg jusqu'à la rue Castiglione, que des pans de murs comme derniers vestiges.

L'incendie s'y est déclaré le lundi 22 mai. On paraissait s'en être rendu maître, lorsque le 24 au soir le feu reprit avec une nouvelle et plus vive intensité pour ne cesser qu'après la destruction complète du monument.

Dans cette soirée néfaste soufflait un véritable vent d'orage, qui attisait l'incendie et faisait du ministère tout entier un gigantesque brasier.

Il chassait les flammes vers les Tuileries, et préservait ainsi tout le quartier de la Madeleine d'une épouvantable catastrophe.

Tout le monde jette les yeux aujourd'hui sur les ruines du ministère des finances ; mais en passant devant ces pans de murs calcinés, on ne peut se rendre compte de l'étendue de nos pertes. Ce que contenaient les bureaux peut être considéré *généralement* comme ayant été la proie des flammes, tout a été brûlé, sauf la partie occupée par l'administration des forêts et celle des douanes, à l'encoignure de la rue de Luxembourg et de la rue Monthabor.

Empressons-nous de confirmer, ainsi que cela a été annoncé dès les premiers jours, que le grand-livre de la dette publique est sauvé ! Il est à Versailles en ce moment. Ajoutons que le grand-livre des rentes inscrites au Trésor est distinct du grand-livre des pensions. Ce dernier n'en est que le complément. Le grand-livre des pensions a été détruit, mais il est possible de le reconstituer.

Tous les titres de rente 3 0/0, déposés en vue de toucher le coupon, ont été sauvés ; malheureusement il n'en est pas de même pour les titres de 4 0/0 et 4 1/2 0/0.

Un assez grand nombre de dossiers importants

ont pu être transportés à Versailles le 19 mars au matin, avant que le ministère des finances ne tombât aux mains des gardes nationaux obéissant au Comité central.

Dans la fatale journée du mercredi 24 mai, lorsque le feu dévorait les archives au cinquième étage, et que le quatrième étage commençait à brûler dans la longueur de la façade, sur la rue de Rivoli, de courageux citoyens du quartier, réunis à quelques employés du ministère, bravèrent les balles des fédérés, et s'efforçant de lutter contre le fléau, s'occupèrent du sauvetage de plusieurs bureaux du deuxième et du troisième étage ; une notable partie des objets et papiers du rez-de-chaussée put être aussi enlevée et mise à l'abri.

Toutes ces épaves sont entassées pêle-mêle dans l'ancienne caserne de l'Assomption, et il s'écoulera de longs mois avant qu'on ait pu déblayer, trier et classer ces papiers, moitié brûlés ou mouillés, froissés, déchirés, épars confusément.

On ignore et on ignorera pendant assez longtemps encore quelles sont les pièces qui ont échappé au désastre. Certaines, que l'on croit sauvées, ne subsistent peut-être plus, et on sera surpris plus tard d'en retrouver sur lesquelles on ne conserve aucun espoir. Quoi qu'il en soit, ce qui reste sera toujours bien peu de chose, quand on pense à l'importance des collections accumulées depuis le commencement du siècle, et dont il ne reste que les cendres.

Dans l'édifice incendié, autour de l'administration centrale des finances, on avait groupé les bureaux de plusieurs administrations qui en dépendent, tels que la direction générale des contributions directes, la direction générale de l'enregistrement et des domaines, la direction générale des contributions indirectes, la direction générale des manufactures de l'Etat, la direction générale des douanes, l'administration des forêts ; ces deux dernières seules ont été épargnées.

Une des choses les plus regrettables, c'est la destruction complète des archives et de la bibliothèque administrative. Comment remplacer aujourd'hui ces mémoires, ces ouvrages traitant spécialement des tailles, des anciens impôts ? Ils sont introuvables. La perte de tous ces volumes curieux est irréparable.

LA RUE DE RIVOLI

Photographié par Pierre Petit.

RUE DE RIVOLI

Les numéros 31, 33, 79, où se trouvait le grand magasin de deuil *A l'Immortelle*, 86 et 91, dont une partie était occupée par la maison Botot, sont entièrement brûlés.

Désigné à l'incendie par un ordre écrit de la Commune, le numéro 138 de la même rue n'a dû d'être préservé que grâce à l'énergique résistance d'un voisin, M. le docteur Joulin; mais elle a été pillée de fond en comble, et ses habitants n'ont retrouvé que des débris de leur mobilier.

PYGMALION

Les magasins de Pygmalion, au coin de la rue Saint-Denis et de la rue de Rivoli, n'ont été qu'en partie incendiés, mais le grand bazar et le café de la Poste, au coin du boulevard Sébastopol et de la rue de Rivoli, n'existent plus. Tout a été brûlé.

LA GERBE D'OR

Les maisons faisant le coin de la rue de Rivoli et de la rue du Temple, où il existait une immense barricade, devant le magasin de la Gerbe d'Or, sont complètement brûlées ; seuls le café du Gaz et celui de la Garde nationale semblent avoir été préservés par miracle et n'ont pas même leurs glaces cassées, bien que les maisons soient détruites depuis l'entresol jusqu'à la toiture.

L'ASSISTANCE PUBLIQUE

Le feu s'y communiqua mercredi soir, à quatre heures, par le café Marquis, situé au coin du quai et de la place de l'Hôtel de Ville.

A l'heure où nous écrivons ces lignes, les décombres fument encore; toute la partie qui fait face à la Seine et à l'avenue Victoria est consumée; il n'y a d'intact que la façade du côté de la place, les appartements du directeur et du secrétaire, et les salles du conseil.

Plusieurs maisons qui appartenaient à l'Assistance publique, l'une située quai de Gèvres, 6, et deux autres avenue Victoria, 4 et 6, sont également en cendres. .

Brûlé aussi le bâtiment de l'avenue Victoria, qui contenait les administrations de l'Octroi, de l'Etat civil et la caisse de la Boulangerie.

THÉATRE LYRIQUE

C'est mercredi matin, à sept heures, que les fédérés mirent le feu au Théâtre Lyrique.

Le concierge, M. Mial, prévoyant quelque funeste accident, était sorti ce jour-là pour mettre ses enfants en sûreté. Sa femme était donc seule quand les fédérés se présentèrent.

Ils étaient environ quarante sous la conduite d'un colonel d'état-major de la garde nationale, qui tout d'abord appuya son pistolet sur la gorge de madame Mial, lui enjoignant de les diriger à travers le théâtre.

La malheureuse femme, tremblante, prit les clefs, les conduisit sur la scène et dans les différents couloirs. Des bonbonnes de pétrole furent déposées dans les dessous tandis que l'on badigeonnait les murs à grands flots du liquide incendiaire.

Madame Mial contemplait ces sinistres préparatifs avec terreur, elle essaya de se retirer.

— Restez, lui cria brutalement le colonel.

— Mais pourtant, maintenant que je vous ai conduits, vous n'avez plus besoin...

— Restez, répéta-t-il, ou je vous brûle la cervelle.

La concierge eût très vraisemblablement péri dans les flammes si, profitant d'une distraction des incendiaires, elle n'avait eu le bonheur de s'échapper.

Cependant le feu gagnait rapidement ; des coulisses il s'était étendu aux loges et, quelques instants après, des torrents de flammes signalaient à Paris ce nouveau sinistre.

Incendié le mercredi matin, à sept heures, le Théâtre Lyrique a brûlé jusqu'au soir, et, quand enfin le dévorant fléau eut arrêté ses ravages, il ne restait plus que la façade, le foyer du public compris ; tout le reste, sans exception, avait été brûlé.

Le désastre est énorme. L'on sait que la construction des deux théâtres (théâtres Lyrique et du Châtelet) n'a pas coûté à la Ville moins de huit millions. Il faut ajouter à ce chiffre la perte d'une quantité considérable de matériel.

LE THÉATRE DU CHATELET

Voici le récit de M. Paul Banès, caissier du théâtre, sur ce qui s'est passé.

Mercredi, à une heure un quart, quatre bandits, le revolver au poing, ont contraint le concierge Julien Clément, ainsi que les trois pompiers de service, à sortir immédiatement pour leur laisser consommer leur crime.

Restés maîtres du théâtre, ces incendiaires placèrent dans la partie du bâtiment formant façade sur la rue des Lavandières-Sainte-Opportune, où était établi un atelier de menuiserie tout construit en bois, un immense panier d'osier qu'ils trouvèrent là, et dans lequel étaient entassés de vieux costumes hors d'état de servir et une grande quantité de journaux ; avant d'y mettre le feu, ils inondèrent le tout de pétrole, en arrosèrent le sol et en lancèrent même sur tous les meubles servant chaque soir aux représentations du *Courrier de Lyon*.

Après tous ces préparatifs faits et le feu mis, ils se retirèrent mais revinrent à plusieurs reprises pour raviver l'incendie, menaçant de brûler la cervelle à quiconque tenterait d'en arrêter les progrès ; *les frères Margoutand*, employés au journal *le Figaro*, qui, depuis deux jours, étaient cachés dans le théâtre afin d'éviter d'être pris comme réfractaires, purent sortir de leur cachette et faire rentrer le concierge.

Alors, avec l'aide des nommés *Eugène Guillorret*, gazier, *Charpentier*, machiniste, *les frères Binet*, aussi machinistes, et secondés par tous les voisins accourus, tous les efforts furent faits pour arrêter l'incendie ; enfin, après deux jours et deux nuits d'un dévouement presque surhumain, on parvint à circonscrire le feu dans l'endroit seulement où il avait été allumé. Malheureusement, à gauche se trouvait le magasin des costumes de femmes, celui des meubles et accessoires du théâtre, et au-dessus un étage dans lequel étaient renfermés les costumes d'hommes; aussi, tout ce matériel, qui représentait une valeur de 50 à 60,000 francs, a-t-il été complétement brûlé.

Les loges des artistes, les bureaux d'administration, tion, la scène, la salle, tout cela est resté intact.

L'HOTEL DE VILLE

Le plus irréparable de tous les malheurs dont la rue de Rivoli a été le théâtre, est l'incendie de l'Hôtel de Ville.

Ce monument, que sa destination semblait devoir mettre à l'abri de la destruction, n'a pas échappé aux sauvages atteintes des incendiaires.

Dans ses murs calcinés se trouvent des monceaux de cendres, derniers restes des immenses et précieuses archives de l'état civil.

C'est une perte irréparable pour l'art et pour la société.

Les incendies allumés dans Paris par les ordres du Comité de salut public l'ont été, tout le prouve aujourd'hui, en vertu d'un plan dès longtemps arrêté, qui n'a pu être exécuté dans tous ses détails

AVANT

Photographié par Pierre Petit.

APRÈS

et dans toute son horreur, grâce à la promptitude des opérations de l'armée.

Le procès de l'Internationale de juin 1870 mérite, à ce point de vue, d'être lu avec attention. On y trouve, dans une lettre de Cluseret, cette phrase significative : « Ce jour-là (le jour de la révolution), je vous l'affirme, et je ne dis jamais oui pour non, Paris sera à nous, ou *Paris n'existera plus.* »

On avait saisi, en outre, chez Pindy, un des prévenus de l'Internationale qui a joué un rôle important dans la révolution du 18 mars, des formules de poudres et d'engins destructifs avec ces mentions : « A jeter par les fenêtres. » — « A jeter dans les égoûts. » Pindy déclara qu'il ne possédait ces objets qu'à titre de simple curiosité. Mais si nous rapprochons ces découvertes et ces préparatifs des incendies et des tentatives d'embrasement de la ville entière dont nous venons d'être témoins, nous en arrivons à être convaincus que ce n'est pas comme simple curiosité que M. Pindy avait ces formules, et qu'il possédait déjà les engins destructeurs, dont l'emploi était formellement désigné par les étiquettes placées sur leurs enveloppes.

Pindy était, depuis le 18 mars, colonel commandant de l'Hôtel de Ville, il avait plusieurs fois manifesté son intention de faire sauter ce monument plutôt que de se rendre. Laissé par Eudes dans l'Hôtel de Ville quand le Comité de salut public et la Commune se retirèrent à la mairie du XIᵉ, il s'acquitta de la mission qui lui avait été confiée, et c'est certainement sur ses ordres que le feu a été mis mercredi à l'Hôtel de Ville.

Le désarroi était si grand parmi les derniers défenseurs de la Commune, et les ordres si contradictoires, que chacun agissait un peu à sa guise et prenait sur lui les plus graves décisions sans se préoccuper s'il ne compromettait pas le salut de ses compagnons.

C'est ainsi que les fédérés, qui défendaient les barricades construites autour de l'Hôtel de Ville, n'apprirent qu'assez tard l'évacuation de ce monument et qu'on venait d'y mettre le feu.

Ils se replièrent alors en désordre, abandonnant les barricades sans prévenir les postes avancés et les bataillons qui occupaient la Préfecture de police, que les gardes nationaux quittèrent dès qu'ils apprirent l'incendie de l'Hôtel de Ville, mais, seulement, après y avoir mis le feu.

Il s'en fallut de peu que les défenseurs de la Préfecture ne fussent cernés, grâce à l'abandon des barricades qui protégeaient le derrière de leurs positions.

Si ces bataillons n'avaient pas été prévenus, la troupe aurait eu le temps de cerner la Préfecture et aurait pu ainsi empêcher l'incendie de ce monument.

C'est à tort que l'on a dit qu'un grand nombre de cadavres de fédérés avaient été engloutis dans les décombres de l'Hôtel de Ville. La veille du jour où le feu a été mis au palais municipal, tous les membres de la Commune et les employés de ce pseudo-gouvernement sont sortis en grand appareil. Il était nuit close. Le cortége, éclairé par la lueur des torches, s'est dirigé vers la rue du Temple, et de là vers le boulevard et Belleville.

Deux hommes sont restés à l'Hôtel de **Ville**. Ils étaient spécialement chargés d'accomplir la sinistre exécution.

On les voyait courir comme des démons au milieu du palais abandonné, semant des traînées de poudre, renversant des bonbonnes de pétrole, répandant de tous côtés des matières incendiaires.

Nous savons de plus que plusieurs bataillons avaient pour mission d'empêcher les pompiers d'aller éteindre le feu.

MAIRIE DU IVe

La Mairie du IVe arrondissement a été également incendiée, mais on a pu se rendre maître du feu, sans que le bâtiment ait beaucoup souffert dans sa construction.

Toute la rue Saint-Antoine, du côté droit, depuis l'église Saint-Paul jusqu'à la Bastille, a été criblée par les obus; les maisons sont presque toutes atteintes par des projectiles.

Le temple protestant est à jour, les obus l'ont transpercé; le magasin du *Paradis des dames* a beaucoup souffert; l'église Saint-Paul a une partie de sa toiture enlevée.

La façade de l'église Saint-Leu, sur le boulevard Sébastopol, est transpercée; des milliers de projectiles sont venus s'abattre sur elle. Toute la sculpture extérieure est perdue.

Les anciens bâtiments de l'Arsenal, occupés par la direction de l'artillerie, ont été incendiés; aujourd'hui, les flammes se montrent encore, et des explosions de capsules se font entendre à tout moment.

La Providence a protégé ce quartier, qui aurait sauté tout entier, si les munitions n'avaient pas été retirées quelques heures avant que l'incendie ne fût allumé.

La Bibliothèque, si riche en manuscrits et en précieuses collections, est intacte ; la caserne des Célestins n'a pas souffert non plus.

PLACE DE LA BASTILLE

La place de la Bastille est affreusement abîmée ; depuis le café Gibet jusqu'au restaurant des *Quatre-Sergents*, boulevard Beaumarchais, ce ne sont que des ruines fumantes ; la maison qui forme l'angle de la rue Richard-Lenoir brûlait encore plusieurs jours après l'incendie. Le poste près de la colonne, où jadis était l'éléphant en plâtre, décrit dans les *Misérables* par Victor Hugo, est très abîmé.

Deux bateaux remorqueurs de la Compagnie du Touage de la Seine, ont été coulés à l'entrée du canal, sans doute pour boucher le passage.

HOTEL-DIEU ET NOTRE-DAME

Le *Siècle* a reçu d'un interne de l'Hôtel-Dieu
une lettre qui contient les détails suivants sur la
tentative d'incendie dont l'Hôtel-Dieu et l'église
Notre-Dame ont été l'objet. Nous tenons à mettre
sous les yeux de nos lecteurs le récit de cet acte
monstrueux des défenseurs de la Commune :

Le mercredi 24 mai, à trois heures du matin, un
officier d'état-major, agent du Comité central, se
présentait à l'Hôtel-Dieu ; il était suivi d'une vingtaine d'individus de quinze à dix-huit ans, escor-
tant deux tonnes de pétrole. Au nom du Comité de
salut public, il réquisitionna un villebrequin et des

seaux pour répandre le liquide inflammable. L'interne en médecine, de garde ce jour-là, effrayé de cette demande, envoie chercher le directeur, l'engageant à représenter au délégué les dangers qu'allaient courir les blessés et les malades. Après quelques pourparlers inutiles, ils s'éloignèrent munis des ustensiles.

Vers onze heures, un ouvrier qui avait vu sortir de la fumée de Notre-Dame, vint donner l'éveil à l'Hôtel-Dieu. Un interne en pharmacie se trouvait là ; il court avertir ses collègues alors à table. Six de ces jeunes gens, à la fois pleins d'anxiété et d'indignation, s'empressent d'aller trouver le directeur et l'engagent à fournir des hommes et la pompe de l'Hôtel-Dieu pour éteindre le commencement d'incendie.

Cette démarche n'ayant pas abouti, ils se rendent eux-mêmes à Notre-Dame. L'ouvrier qui avait donné l'alarme, leur montra une petite colonne de fumée qui sortait par une lucarne; quelques voisins se joignirent alors à eux. Faisant appel à l'humanité, ces internes firent remarquer qu'il y avait à l'Hôtel-Dieu cent cinquante malheureux blessés défenseurs de la Commune, et qu'ils allaient être anéantis par son ordre. Ces quelques mots soulevèrent d'indignation les assistants, qui se joignirent à la petite troupe.

Le sonneur et le bedeau, malgré les menaces qu'avaient faites les incendiaires, livrèrent les clefs. On ouvrit la porte d'entrée de la rue du Cloître-Notre-Dame. La petite troupe, à laquelle les femmes, les jeunes filles et les enfants se joignirent, était déjà assez imposante. Quelques-uns se risquèrent au milieu de cette atmosphère épaisse et brûlante, chargée de vapeur de pétrole ; l'obscurité était complète.

Après dix minutes d'anxiété et de recherches pénibles, — car à chaque instant les plus forts venaient reprendre haleine à l'extérieur, — on allait renoncer à l'entreprise, lorsque survint un pompier. On le pria de prêter son concours, ce qu'il s'empressa de faire malgré la défense de la Commune.

Un brasier est découvert à la hauteur du chœur. On se rend maître du feu en cet endroit. Les plus hardis marchèrent ensuite sur les débris fumants, et découvrirent un autre brasier à la hauteur du maître-autel. Nouveaux efforts couronnés d'un nouveau succès.

Pendant ce temps, quelques travailleurs cassèrent les vitres afin d'amener un peu d'air dans cette four-

naise, — ces vitres furent choisies aux vitraux mo-
dernes de peu de valeur. — D'autre part, on força
une des grandes portes, et l'atmosphère devint un
peu plus respirable. Un troisième brasier se trouvait à la hauteur de la chaire, on en vint à bout
assez facilement ; là on avait amoncelé des chaises,
des pupitres, des balustrades. Cet immense bûcher
allait jusque sous le grand orgue, et se joignait à
un autre dressé autour d'un grand Christ et d'une
statue de la Vierge, amenés là tout exprès ; des
papiers étaient à la base, le pétrole avait manqué
sans doute, et le feu devait atteindre ce bûcher en
continuant ses ravages.

Peu à peu, le jour se fit dans la cathédrale; l'air
devenait respirable; hommes, femmes, enfants, dé-
ménagèrent ces chaises, ces balustrades amoncelées,
et les portèrent sur la place du Parvis, sans songer
à la barricade du pont d'Arcole et sans se laisser
arrêter par les balles qui leur étaient envoyées de
la caserne de la Cité.

Ce travail achevé, on put se rendre compte des
ravages causés par le feu : tous les troncs avaient
été brisés, les tabernacles, les reliquaires défoncés
et pillés, le lutrin de bronze brisé, le grand lustre
brisé et renversé. L'heureuse intervention des

internes avait rendu moins graves les dégâts causés par le feu : les boiseries du chœur ont été préservées presque complètement, la chaire et les orgues sont intactes ; les livres saints, les chaises, les fauteuils, sont en partie brûlés ; les chapelles latérales ne sont pas endommagées, mais le sol est souillé en différents endroits.

Ce premier sauvetage terminé, on visite l'étage souterrain, les orgues et les galeries, puis les tours où se trouve une forêt de charpentes qui remontent à huit cents ans ; son salut est dû à l'oubli ou à l'ignorance des fédérés.

Pendant ce temps ces derniers étaient toujours maîtres des barricades des quais Saint-Michel et Montebello, ainsi que de l'île de la Cité.

On organisa cependant une garde pour essayer de conserver ce qui avait été si heureusement sauvé; plus de quarante personnes se firent inscrire ; chacun monta la garde à son tour sans être inquiété. Vers onze heures du soir, enfin, l'île de la Cité était au pouvoir de l'armée, et la magnifique basilique était définitivement sauvée.

PALAIS DE JUSTICE

En entrant au bureau du greffe par le grand
escalier qui conduit à la salle des Pas-Perdus, plusieurs des hardis arceaux de la voûte sont effondrés,
et les gigantesques piliers qui la soutenaient gisent
pêle-mêle sur le sol, tout carbonisés.

Les salles des Cours d'assises et de cassation ne
présentent plus que des ruines. Les poternes du
vieux château de Saint-Louis sont découronnées ;
leur intérieur est en cendres.

Au milieu de ce désastre, l'œil contemple avec
bonheur le précieux joyau d'architecture de la
Sainte-Chapelle, avec sa magnifique flèche toute

brillante, et semblant porter au ciel nos prières et nos vœux.

Nous n'avons pu monter dans le tribunal de première instance, trop d'obstacles matériels s'y opposaient ; mais nous pouvons affirmer toutefois, et à première vue, que toute cette partie du palais a été heureusement préservée.

Les bâtiments occupés par les bureaux du parquet et par les cabinets de MM. les juges d'instruction sont également brûlés.

LE PALAIS DE JUSTICE

AVANT

APRÈS

Photographié par Pierrre Petit.

PRÉFECTURE DE POLICE

À la Préfecture de police, comme au Palais-de-Justice, le feu a fait des ravages considérables.

Chose singulière, les vieux bâtiments de la place Dauphine paraissent intacts, alors que les nouveaux, non encore terminés, ont été très éprouvés par l'incendie.

Le 18 mars dernier, Raoul Rigault, flanqué de son ami et secrétaire Dacosta, et suivi du docteur Régnier, faisait irruption à la préfecture de police et s'annonçait aux employés comme PRÉFET DE POLICE.

Le premier moment de surprise passé, la majeure partie des employés s'empressa de prendre les ordres des chefs réels, lesquels leur ordonnèrent de se rendre immédiatement à Versailles, — ce qu'ils firent avec le plus louable empressement.

La préfecture de police se trouvant dépourvue d'employés, Raoul Rigault fit appel à tout ce que le quartier Latin contenait de fruits secs, de déclassés, et, avec une générosité toute *communale*, il leur distribua toutes les places, — au hasard, indistinctement.

Tel buveur d'absinthe de « *l'Académie* » était nommé chef de la première division ; tel autre, hôte assidu du « *Cochon fidèle* », se trouvait soudain nommé sous-chef du cabinet !...

Le personnel une fois installé, Raoul Rigault s'occupa, selon sa propre expression, « d'organiser le désordre. »

Il s'empressa, tout d'abord, de renvoyer les garçons de bureau de l'administration. Le concierge, Jean Charlet, fut seul excepté, personne n'ayant voulu le remplacer au poste difficile qu'il occupe encore en ce moment.

Une fois absolument maîtres de la préfecture de police, les communeux se livrèrent aux débauches les plus fantastiques. Le jour, ils se faisaient apporter dans les bureaux de grandes quantités de bière qu'ils consommaient en s'entourant d'épais nuages de fumée de pipe.

Pour payer toutes ces libations , plusieurs

communeux trouvèrent naturel de mettre au pillage les caisses de l'administration!... Deux d'entre eux, Rief, chef des passeports, et Leballeur, chef des garnis, furent même expulsés honteusement et écroués au dépôt.

Entre temps, quand la Commune faisait arrêter des prêtres inoffensifs, l'orgie cessait, et, après l'interrogatoire de ces malheureux, on entassait dans les caves de la préfecture tout ce que contenaient leurs églises. Beaucoup d'ornements religieux et de vases sacrés sont encore dans les caves de l'hôtel.

À la suite de l'affaire Pilotell, Raoul Rigault se retira et fut remplacé par Cournet qui, lui-même, dut bientôt céder la place à Théodore Ferré.

Le jour même de son installation, ce citoyen se fit garder par le 104e bataillon. En sa qualité de membre du Comité de salut public, Ferré, après s'en être entendu avec Levraud, chef de division à la préfecture, décida que les bâtiments de la police seraient enduits de pétrole et que le feu y serait mis. — Mais comme le brave et excellent concierge Charlet s'opposait énergiquement à ce badigeonnage de pétrole, on l'envoya sans plus de motifs au dépôt de la préfecture de police.

Cela se passait le mardi, surlendemain de l'entrée à Paris de l'armée. Le soir de ce jour, Théodore Ferré réunit dans un banquet vingt-huit de ses amis. Ils restèrent à table de six heures du soir à huit heures du matin.

A neuf heures, les convives, dans un état d'ivresse complet, abandonnèrent la préfecture de police, après avoir, au préalable, mis le feu sur onze points différents à la fois.

Mais Charlet, posté à l'une des fenêtres du depôt, veillait. Dès qu'il aperçut les flammes, il demanda à ses compagnons de prison s'ils étaient décidés à lui prêter main-forte pour éteindre l'incendie.

La réponse affirmative fut unanime.

Charlet parvint à tordre un barreau de fer placé devant la fenêtre du dépôt, et, avec une remarquable agilité, il sauta dans la rue de Harlay ; ses compagnons imitèrent son exemple. Dès qu'ils furent tous réunis, ils se dirigèrent vers les bureaux de la première division (criminels, voleurs, forçats, etc., etc.), et parvinrent à sauver ainsi une grande quantité de dossiers.

Photographié par Pierre Petit.

LÉGION D'HONNEUR

La perte du palais de la grande chancellerie de la Légion d'honneur est bien regrettable.

On sait que ce charmant hôtel — que l'on croyait à tort ennoblir en le traitant de « palais », a été construit dans les dernières années du dix-huitième siècle, vers 1786, par un architecte nommé Rousseau, pour un prince allemand qui joua un certain rôle d'agent secret sous la Révolution, et définitivement fut guillotiné.

La nation s'empara de son hôtel, qui, après avoir servi de club, fut acheté par un traitant enrichi et faussaire. Il fit là tant de farces et autre part tant de vols, qu'un beau jour on le condamna aux travaux forcés à perpétuité. L'hôtel avait conservé le nom de son premier maître, le prince de

Salm ; il fut habité par Mme de Staël, avant que le premier consul ne l'eût brutalement exilée. En 1803, il fut acheté par l'Etat et ne changea plus de destination officielle.

Il n'est point un Parisien qui n'ait admiré ses verdures, ses médaillons sculptés, ses bas-reliefs galants et fins, son salon circulaire faisant saillie et coupant la ligne droite de la bordure du quai. Les statues de héros et de déesses qui bordent le toit, se profilent toujours sur le bleu du ciel, mais elles surplombent le vide, et la flamme les a dépouillées de la patine dont le temps les avait dorées.

Les bustes de philosophes et de rhéteurs, d'hommes célèbres et de femmes aimables, Sénèque et Cicéron, Alcibiade et Aspasie, sont encore dans leurs niches rondes, mais comme honteux de la suie dont la fumée vient de les barbouiller et comme anxieux du foyer qui brûle encore derrière leur dos.

Par les fenêtres brisées, on aperçoit les moulures des plafonds à demi dorées encore, les plinthes qui rougeoient, les panneaux, les rinceaux, les ors, les astragales en bois sculpté qui éclatent, s'inclinent et tombent en gémissant sur le tas poussiéreux et trépidant des décombres,

Le jardin n'a point souffert. Le pétrole a si vite agi, que les lilas n'ont point roussi et que les roses s'obstinent à chercher les bouffés d'air frais.

Mais les archives, elles, ont roussi et brûlé à plaisir. On sait que toute demande de décoration allait des préfectures, des ministères, des chancelleries, des salons, des boudoirs, s'engloutir dans les cartons de la grande chancellerie. C'est là aussi qu'étaient classés, étiquetés, consultés au besoin, tous les dossiers de ceux qui avaient failli aux lois de l'Ordre et parfois tentaient la réhabilitation. Que de gens intéressés à ce que ces casiers, qui renfermaient les renseignements les plus précis sur des membres de toutes les classes de la société, périssent à un moment donné !

Pendant tout le temps qu'a duré la Commune, le palais de la Légion d'honneur a été le quartier-général du « général » Eudes.

C'est là qu'aidé de la citoyenne Eudes, sa femme, il a donné des fêtes auprès desquelles auraient pâli les réceptions de l'Œil-de-Bœuf. Madame Eudes était, dit-on, une bonne commère. Il lui arrivait souvent de faire le matin, à son petit lever, des distributions de xérès aux pauvres diables de fédérés qui montaient la garde dans « sa cour. » Elle disait au concierge du palais, M. Hamel : « Autrefois, on appelait Flahaut : monsieur le comte ; mais, moi, on peut me tutoyer. Voilà ce qu'il y a de bon dans notre gouvernement. »

Ce qu'il y avait aussi de bon, c'est qu'on était allé piller la maison du marquis de Gallifet et qu'on avait apporté là toute sa garde-robe et tous ses équipages. L'argenterie de la maison de la Légion d'honneur de Saint-Denis a subi le même sort. On l'avait mise en sûreté là au moment du siége pour la garantir des Prussiens.

Le feu a été mis le lundi aux quatre coins du bâtiment. Le concierge Hamel a voulu résister, supplier. On l'a arrêté et conduit au dépôt de la préfecture, d'où il n'a pu sortir que le mercredi.

Il ne reste du palais de la Légion d'honneur que les écuries, qui ont été sauvées par le sang-froid du lampiste Rochez, et le portique au fond de la cour, au-dessus duquel on voit un remarquable bas-relief.

LE PALAIS D'ORSAY ET LE CONSEIL D'ÉTAT

Le palais d'Orsay, où siégeaient le Conseil d'État et la Cour des comptes, a été, comme on le sait, la proie des incendiaires de la Commune.

Peu de jours après le 18 mars, le citoyen Peyrouton se présentait comme délégué de l'Hôtel de Ville et prenait possession du palais. Jusqu'au 1ᵉʳ avril, on laissait encore pénétrer dans le bâtiment ; mais à partir de cette époque, les gens de la Commune commencèrent les visites dans les salles et cabinets. Les tiroirs furent forcés et vidés. Un nommé Coussinki, appartenant au 91ᵉ de marche, fut installé comme chef du matériel du Conseil d'État, et un nommé Coppmann, avec la même qualité, à la Cour des comptes. En même temps, le 135ᵉ et le 67ᵉ bataillon s'établirent dans le palais et dans les maisons avoisinantes. Le 67ᵉ (de la place du Trône) est resté jusqu'au dernier moment.

Le mardi 23, à six heures du soir, les troupes du Gouvernement ayant occupé le palais Bourbon, les fédérés commencèrent à déguerpir ; à plusieurs reprises, il avaient pris la fuite, et l'on crut le quartier sauvé ; mais les fédérés revinrent aux palais de la Légion d'honneur et d'Orsay, pour mettre à exécution les sinistres instructions parties de l'Hôtel de Ville. Des tonneaux de pétrole furent apportés dans la petite cour du côté de la rue Bellechasse, et le feu mis à la partie ouest du bâtiment. En même temps , des gardes nationaux du 67ᵉ enfoncèrent les portes du Conseil d'État, et apportèrent dans les salles et la bibliothèque des matelas imprégnés de pétrole. Tout le rez-de-chaussée fut incendié et le feu se communiqua rapidement au premier, à la Cour des comptes, par les escaliers et par les vastes ouvertures pratiquées au plafond des salles d'attente pour recevoir le jour.

Il était sept heures moins vingt quand le feu éclata ; il se propagea avec une rapidité inouïe, qui s'explique par la construction du monument, tout en bois à l'intérieur et rempli de papiers. Non-seulement Paris fut couvert de paperasses enflammées, mais le vent en emporta à Versailles, et, ce qui est plus étonnant, les pompiers accourus du département de l'Eure rapportèrent des débris de papiers noircis provenant de la Cour des comptes, et qui avaient voltigé jusqu'à Évreux. Le palais est entièrement consumé : il n'en reste que les murs. L'escalier d'honneur de la Cour des comptes est couvert par les fresques de Chassériau qui ont échappé en partie ; les deux grisailles du bas sont intactes ; au premier, le grand panneau représentant la *Paix protectrice des arts* est brûlé en partie ; le panneau en face : « *L'Ordre pourvoit aux frais de la guerre* » est presque intact, ainsi que les panneaux du fond : « *La Justice réprimant les abus* et *le Commerce rapprochant les peuples.* »

Au Conseil d'État, deux belles toiles sont en cendres : *le président Duranty*, par Paul Delaroche, dans la salle du contentieux, et *Justinien*, par Eugène Delacroix, dans la salle de législation. Dans la grande salle de l'assemblée générale se trouvait une série de beaux panneaux représentant Vauban, Sully, Colbert, Richelieu, Turgot, Suger, Portalis et Cambacérès.

Le palais d'Orsay a eu pendant sa construction des destinations différentes. Élevé sur l'emplacement occupé par un chantier de bois, il devait être le palais du roi de Rome ; plus tard, il fut continué et presque fini, pour recevoir le ministère des affaires étrangères ; enfin, vers 1840, on se décida à y établir le Conseil d'État, qui siégeait alors dans un bâtiment du ministère des travaux publics, et qu'on installa au rez-de-chaussée. La Cour des comptes, qui de temps immémorial avait son siége au Palais de Justice, occupa le reste du palais d'Orsay.

On évalue à plus de deux millions les frais de réparation, et il n'a pas encore été pris de décision au sujet de l'installation du Conseil d'État et de la Cour des comptes, jusqu'à la réédification de leur ancien local.

<hr>

CORPS LÉGISLATIF

Les simarres et les collerettes à godron des magistrats en plâtre, gravement installés dans des chaises curules au pied du grand escalier, ont reçu des accrocs ; la frise du palais aussi. Mais passons ! Ce n'est point là de l'art. Quelques journées de praticiens suffiront pour reboucher ces trous.

LA RUE DE LILLE

Aux environs du palais d'Orsay, la rue de
Lille a été horriblement dévastée. L'hôtel de
M. le marquis de Villeneuve, au n° 63, au
coin de la rue de Poitiers, s'écroulait avec fracas.
Le pâté d'hôtels du 63 au 69 est complètement
brûlé. Celui du 51 au 59 est sauvé. Le 63 appartenait au marquis de Villeneuve-Bargemont, ancien
maire de l'arrondissement. Les n°s 67 et 69 étaient
la propriété de M. de Pomereu. Le concierge de
l'hôtel de M. de Chabrol, au n° 81, a été fusillé le
jour de l'entrée des troupes dans Paris, parce qu'il
voulait empêcher les hommes de Mégy de barbouiller de pétrole la maison confiée à sa garde.

L'hôtel de la Caisse des dépôts et consignations,

situé dans la même rue, a complètement brûlé sans qu'on pût lui apporter secours. Il n'en reste plus que les gros murs. On s'est borné à empêcher l'incendie de se communiquer à la caserne du quai d'Orsay.

Dans ce bâtiment, qui n'a subi que des ravages relativement peu considérables, les fédérés ont mis le feu au centre, dans une des chambres d'officiers qui sont situées au premier étage, au-dessus de la grille d'entrée. L'incendie a été facilement circonscrit.

CERCLE AGRICOLE

Le Cercle agricole, situé à l'angle du quai et du boulevard Saint-Germain, a été très éprouvé dans la lutte.

Un groupe de fédérés s'était installé sur son dôme et tirait de là sur les Champs-Élysées.

Les batteries de l'armée régulière, établies au Trocadéro, ont riposté, et la façade qui regarde

le Corps législatif a été percée en plusieurs endroits.

Les grands salons n'ont reçu que des égrati-
gnures ; mais la salle des Pas-Perdus, qui contient deux magnifiques tapisseries Louis XIV, aux
armes de Colbert, a été traversée de part en part par
un projectile entré par le coin de la salle de billard.

Le salon de lecture, pièce unique parmi tous les
cercles de Paris, a eu seulement une vitre cassée.

A l'étage supérieur, où logeaient deux membres
du Cercle, le vicomte de V... et le comte de C...,
les pertes sont bien plus considérables. Des obus
ont éclaté dans presque toutes les pièces et ont
broyé meubles et cristaux. L'appartement du
gérant, M. C..., à l'obligeance de qui nous de-
vons ces détails, a également reçu des projectiles
qui ont éclaté dans un salon rempli d'objets d'art et
de bibelots. Un boulet a percé un réservoir contenant *dix mille litres d'eau* et a inondé les
étages inférieurs.

Une troupe de fédérés a séjourné quelques heures dans l'appartement du vicomte de V..., a forcé
toutes les serrures et a fait disparaître des sommes
en or, des objets précieux et toute la garbe-robe.

MAISON GATTEAUX

La maison de M. Gatteaux, rue de Lille, 41, a
été détruite de fond en comble, entraînant dans ses
ruines fumantes des collections de la plus grande
valeur. Membre de l'Institut comme sculpteur, fils
du célèbre graveur en médaille de la première
Révolution, amateur distingué, M. Gatteaux avait
déjà enrichi le Louvre et la bibliothèque de l'École
des beaux-arts de dessins précieux : il avait légué
à ces deux établissements l'ensemble de ses collections.

Elles consistaient en bronzes et marbres antiques
de la Renaissance, médailles et bas-reliefs, dessins
des maîtres français et italiens les plus renommés ;
un tableau sur panneau de Memlinc ; une bibliothèque incomparable pour la rareté ou la conservation des exemplaires ou des épreuves, de livres
sur les arts, recueils de gravures, calques, notes,
etc. M. Gatteaux, ami intime d'Ingres et d'Hippo-
lyte Flandrin, possédait de ces peintres des croquis,
des dessins terminés, des esquisses et des tableaux.
La perte est grande pour l'art moderne.

LES TUILERIES

AVANT

APRÈS

Photographié par Pierre Petit

LES TUILERIES

C'est le mardi 23, que le feu s'est déclaré dans ce monument, résidence habituelle des souverains de la France, et à l'heure actuelle il n'en reste plus que des débris informes.

De la grande façade donnant sur le jardin réservé, seule la construction du pavillon de Flore a échappé au désatre, encore ses murs sont-ils calcinés et ne renferment-ils plus que les cendres de tout ce qui s'y trouvait.

La portion qui s'étend de la rue des Pyramides au guichet de l'Échelle est entièrement consumée ; il en est ainsi de celle nouvellement construite s'étendant du pont Royal jusqu'aux grandes baies de passage, vis-à-vis le pont des Saint-Pères.

Le commencement de la construction des Tuileries date de Catherine de Médicis, époque à laquelle Philibert Delorme et Jean Bullant édifièrent un charmant pallazzo à la Florentine.

Ducerceau l'augmenta de deux pavillons. Louis Levau, Mansard, M. Fontaine, l'exécuteur des plans de Louis-Philippe, M. Lefuel, qui refit le pavillon de Flore, et les architectes de la Renaissance, de Henri IV, de Louis XIV, de la Convention même, remanièrent et augmentèrent les Tuileries. Napoléon III allait les faire démolir pour les reconstruire dans le style du nouvel Opéra, si sa funeste entreprise, cause de tous nos malheurs actuels, ne l'eût pas sitôt conduit à la catastrophe de Sedan.

Les pertes intérieures sont grandes, et la lacune que laissera la destruction de ce palais existera surtout dans les souvenirs qu'il évoquait. Catherine de Médicis y avait promené de chambre en chambre ses belles épaules.

Henri IV y demeura longtemps et Louis XIV le moins possible. Louis XV enfant les habitait, pendant que le régent s'amusait dans ce Palais-

Royal dont nous parlerons plus loin. Puis la
Révolution y ramena de force Louis XVI et sa
famille, et bien peu après, le 20 septembre 1792,
la Convention s'installait dans la salle du théâtre
« de l'édifice national des Tuileries. »

A la suite du 4 septembre on enleva des Tuileries tous les tableaux et le mobilier d'apparat.
Tout ce qui ne fut pas rendu à l'ex-famille impériale comme objets intimes fut inventorié par la
commission de liquidation de la liste civile et envoyé
au garde-meubles.

L'incendie a donc eu surtout pour proie les plafonds, en général fort noircis et dégradés, ainsi
que les figures ou les vastes ornements des cadres.

Des portraits en pied des maréchaux, mauvaises
suites de copies commencées par Louis-Philippe, et
qui occupaient les entre-fenêtres dans la haute et
vaste salle du pavillon de l'Horloge, avaient donné
leurs noms à cette partie centrale du palais par laquelle a commencé l'incendie.

Dans le salon suivant, il y avait une peinture de
Lebrun, très restaurée, *Apollon et les Muses;*
puis, dans d'autres salons, un plafond de Nicolas
Lenoir. *Le Dieu du jour commençant sa
carrière,* et *la Religion protégeant la France,*

dans la salle de Louis XIV, où furent primitivement entassés les papiers et correspondances des Bonaparte, une copie de Lebrun, *Louis XIV recevant les échevins*.

Au premier étage, sur le jardin, et allant jusqu'au pavillon de Flore, donnaient les appartements de l'impératrice. La chambre à coucher, immense salon Louis XIV, était d'un style sévère et riche, dont les tons chauds, les ors et les saillies faisaient singulièrement constraste avec les appartements privés. Dans celle-ci, on remarquait un joli plafond, par Faustin Besson, et une décoration complète, d'une gamme très gaie et très décorative, par Charles Chaplin : cela racontait l'histoire et les aventures d'une rose et d'une violette, naturellement il en naissait une impériale.

Les appartements de l'empereur occupaient le rez-de-chaussée, ainsi que ceux du prince impérial. Ils étaient d'une simplicité terne. Les meubles en acajou plein étaient cossus, sans art, et sans charme. Nulle peinture, nulle sculpture.

Mais la perte irréparable, c'est celle de la collection qu'on y avait déposée dans des casiers et sur les tables. Tous les papiers saisis dans le cabinet de l'empereur et chez les ministres étaient là. Depuis huit mois une commission travaillait assidûment à les dépouiller, à les classer. Quelques livraisons ont été publiées et ont montré quels renseignements de tout genre l'histoire pouvait puiser dans ces séries de plus de 50,000 pièces originales. Mais ces livraisons, commencées trop hâtivement, continuées trop timidement, allaient être suivies de travaux plus sérieux et revus plus à l'aise.

Ce qui est certain, c'est que toute la corruption des vingt dernières années s'étalait, dans ces dossiers, en preuves d'une énergie et d'une authenticité irrécusables.

Lorsque l'on rapproche l'anéantissement de ces preuves de complicité, de l'anéantissement des archives de l'Hôtel de Ville, du Ministère des finances, de la Cour des comptes et de la Légion d'honneur, de l'assassinat du banquier Jecker, n'est-on pas conduit à rappeler l'axiome de droit romain : *Is fecit cui prodest?*

On a vu des mains brutales et noires badigeonner de pétrole les murs et les meubles de cette partie du palais qui renfermait ces archives vengeresses.

On a vu des individus en costume de marins s'y reprendre à deux fois pour alimenter le foyer précisément à cette place. Mais sait-on qui les poussait, et les ordres fussent-ils partis de l'Hôtel de Ville seulement, sait-on encore qui les avait inspirés?

Voici comment le feu paraît y avoir été allumé :

Un capitaine fédéré dont on ignore le nom, heureusement pour l'honneur de sa famille, traversa, le soir, un des appartements qu'occupaient dans ce moment madame X... et sa fille. Il avait à la main une lampe allumée. En passant il dit à ces dames qu'il faisait sa ronde. Peu d'instants après il revint et les assura que tout était tranquille, qu'elles pouvaient dormir sans inquiétude.

La préoccupation qu'il éprouvait fit naître un pressentiment dans l'esprit de la jeune fille; elle voulut, pour se rassurer, ouvrir la porte par laquelle venait de passer le capitaine, mais quelle fut sa terreur en voyant que déjà le feu avait pris d'immenses proportions.

Affolée de peur, elle courut à sa mère et l'entraîna pour sortir; elles eurent à peine le temps de se sauver; elles ne purent même rien emporter de ce qui leur appartenait.

Aujourd'hui, ainsi que nous l'avons dit en commençant, ce palais qui a été habité par tant d'illu trations et sur lequel dix générations ont laissé des traces de faits historiques, n'est plus qu'un monceau de ruines attirant le regard du spectateur stupéfait, qui se demande s'il est bien possible que ce soient des Français qui aient pu concevoir et exécuter de pareils forfaits.

LOUVRE

Par un bonheur inespéré, nos précieuses galeries du Louvre, avec leurs inestimables collections, ont pu être totalement préservées de la destruction. Seule la galerie d'Apollon a été atteinte par des obus lancés de l'Hôtel de Ville.

Pendant trois jours, des citoyens, qui ont montré un dévouement et un courage dignes des plus grands éloges, n'ont pas cessé, sous une véritable grêle d'obus lancés par les fédérés, de continuer leurs travaux de sauvetage. Ils ont conservé à la France, à l'art universel, la plus merveilleuse collection de chefs-d'œuvre qui se trouve au monde.

BIBLIOTHÈQUE DU LOUVRE

La bibliothèque du Louvre a été brûlée, dans la soirée de mardi à mercredi, par une bande de scélérats prétoriens de la Commune.

Entrés la menace à la bouche dans la loge du concierge, ils lui ont intimé l'ordre de répandre lui-même le pétrole dans le précieux dépôt confié à sa garde, s'il ne préférait être immédiatement fusillé. — Fusillez-moi, mais je n'incendierai pas la bibliothèque, leur répondit-il ; et sa femme, qui était présente, fit preuve de la même fermeté et du même courage. Les bandits délibérèrent alors, et après s'être concertés, ils enfermèrent ces deux malheureux dans leur loge en leur disant : — On ne vous fusillera pas, mais vous allez griller tous deux ! Deux minutes après, la riche, l'inappréciable bibliothèque du Louvre était en flammes, et ce ne fut que par une sorte de miracle que ses deux fidèles gardiens parvinrent à s'échapper.

En débouchant sur la place du Palais-Royal, on est frappé par l'aspect sévère et terrible du pavillon du Louvre qui renfermait la bibliothèque. C'était un des morceaux les mieux réussis de ce nouveau palais. Il était dû, ainsi que toute cette partie des bâtiments de la rue de Rivoli, à l'architecte Visconti.

Les fenêtres ont été violemment atteintes par les gerbes de feu que projetait le foyer central ; les bordures ont éclaté comme si des boulets les eussent écornées. Au-dessus du fronton, le buste de Minerve est resté intact, et les quatre grandes cariatides qui soutiennent l'attique semblent, de leurs yeux fixes, lancer en avant des regards irrités.

Cette bibliothèque, dont rien n'explique le stupide anéantissement, était peu fréquentée du public. On n'y pouvait travailler qu'avec une autorisation spéciale du ministère de la maison de l'empereur, des bureaux duquel elle dépendait jusqu'au 4 septembre. Elle avait pour conservateur-administrateur

M. Louis Barbier, oncle de M. Olivier Barbier, de la Bibliothèque nationale qui, dit-on, aurait été mortellement atteint, ces jours derniers, par une balle perdue.

Elle comptait environ quatre-vingt-dix mille volumes, quelques-uns en éditions rares ou en exemplaires précieux. Ainsi, c'est là notamment qu'on avait versé la précieuse collection de manuscrits, de livres d'heures, d'œuvres de poètes ou d'historiens ayant appartenu à des rois, à des princes français, et revêtus de leurs reliures originales, qui, en 1852, fut offerte au musée des souverains par M. Mottley. C'est, au point de vue de l'histoire et de la curiosité, une perte sensible.

Cette bibliothèque contenait encore le dépôt de tous les ouvrages français ou étrangers que recevaient en don le Louvre ou les Tuileries, ou auxquels ils souscrivaient, revues de science et d'art, livres à gravures, recueils de photographies d'après les collections publiques ou privées, etc.

Les archives du ministère des beaux-arts n'ont pas été atteintes. En effet, le feu a rencontré çà et là des obstacles qu'il n'a pas franchis, malgré la rage d'insistance qu'y mettaient les incendiaires. Un peu plus, il eût détruit les salles où sont exposés les dessins et les pastels, la collection Sauvageot, les séries de faïences italiennes et de Bernard Palissy; enfin ce premier étage qui a au-dessus de lui le musée de marine, qui se fût effrondré sur les salles du rez-de-chaussée où sont rangés les restes précieux des arts assyriens, babyloniens et égyptiens.

En reprenant la rue de Rivoli, on retrouve le feu continuant ses ravages jusqu'au pavillon Marsan. Celui-ci est vidé des combles jusques au fond.

CASERNE DU LOUVRE

L'incendie qui avait commencé dans la caserne du Louvre a été rapidement éteint. Néanmoins le bâtiment a éprouvé de graves dommages.

MINISTÈRE D'ÉTAT

L'ancien ministère d'État n'a brûlé qu'à l'intérieur, les pertes sont réparables.

LE PALAIS-ROYAL

AVANT

APRÈS

Photographié par Pierre Petit.

PALAIS-ROYAL

Le mercredi 24 mai, jour du sinistre, qui éclata vers trois heures et demie, M. Émile Le Saché, accourut en toute hâte pour offrir ses services.

Un capitaine ou lieutenant fédéré, barbe et moustaches rouges, menaça de tirer sur lui s'il ne se retirait en toute hâte ; il ajouta que le quartier allait sauter et qu'il fallait que tout brûlât. Cependant, malgré ses menaces, deux pompes furent mises en fonction par les habitants du voisinage. Il était quatre heures. Pas d'eau dans la cour des Fontaines ; il fallut faire la chaîne dans le passage conduisant à la cour d'honneur.

Une échelle fut placée sur le mur pour atteindre la terrasse de la rue de Valois ; la menace des fédérés de faire feu était tellement précise qu'il fallut renoncer à sauver le pavillon de ce côté.

Les flammes et la fumée sortaient des trois croisées au-dessus de la terrasse n° 17. Au milieu de coups de feu tirés de la barricade de la rue de Rivoli, on parvint à éteindre l'incendie allumé de ce côté.

A cinq heures, M. C. Sauve, capitaine au long cours, accompagné d'une escouade de braves garçons maçons, établissait une pompe dans la cour d'honneur, et parvenait à sauver une grande quantité de tableaux, marbres précieux, meubles, tentures, etc.

Des chaines se formèrent ; malheureusement l'eau ne fournissait pas : les tuyaux avaient été coupés. A sept heures, M. Bassignet fils accourut avec quatre pompiers de Paris. Mais déjà le pavillon n° 1, premier foyer d'incendie, était entièrement consumé.

A l'arrivée des pompiers, on combattit le feu du pavillon n° 2, pour l'empêcher de se communiquer aux appartements de la princesse Clotilde.

La flamme atteignait six croisées de la façade, du côté de la place.

M. Lebrou, pharmacien, parcourait le quartier en appelant des secours ; il revint faire le service de pompier, en tenant la lance, le caporal étant accablé de chaleur et de fatigue. Ici encore, sauvetage de tous les meubles de la chapelle avec tous ses ornements d'église. La porte était sous scellés.

Enfin, à huit heures, la ligne arriva : « Vive la ligne ! » cria-t-on de toutes parts. « Vive la France ! »

On faisait des signaux avec un drapeau d'ambulance.

On était sauvé.

On commença à se reconnaître ; on procéda avec plus de calme et d'ensemble. On chercha le moyen d'attaquer le feu par en haut, c'est-à-dire par le deuxième étage ou par les toits.

Le feu gagnait toujours du côté du Théâtre-Français ; là était le grand danger. Si le théâtre eût été atteint, c'en était fait peut-être de tout le quartier. Alors on eut l'idée d'attaquer l'incendie par le théâtre même, et de se servir de ses tuyaux pour en arrêter les progrès.

M. Le Saché se mit à la tête de ce mouvement. Monté sur la toiture, accompagné du maître machiniste, il fut obligé de se cacher, pour éviter les balles lancées par les fédérés postés dans les combles de l'hôtel du Louvre. Bravant le danger, les pompiers sapèrent la toiture; l'eau arriva enfin... Il était temps !

A dix heures, des compagnies de la Banque (12e bataillon de la garde nationale), arrivèrent. Les fédérés furent mis en fuite. Alors trente sapeurs-pompiers de Paris accoururent au pas de course et se rendirent maîtres du feu. Une heure plus tôt, ils auraient tout sauvé.

Les habitants du quartier, patrons, ouvriers, femmes, enfants, ont fait preuve du plus grand dévouement. Les noms de MM. Dubreuil, Plançon, sans parler de ceux déjà mentionnés, sont les premiers qui se présentent au souvenir du témoin oculaire qui a donné ces renseignements.

LE THÉATRE-FRANÇAIS

Le Théâtre-Français devait être aussi incendié; tous les préparatifs avaient été faits pour y mettre le feu, mais on négligea cette dernière formalité en voyant les proportions gigantesques que prenait l'incendie du Palais-Royal. Il était évident, pour les misérables incendiaires, que le feu allait se communiquer à ce monument, ainsi qu'à toutes les galeries; mais il n'en fut pas ainsi, les flammes s'arrêtèrent aux murs de l'aile gauche, et ne les dépassèrent pas.

Le Théâtre-Français nous reste intact, ainsi que toutes les galeries du palais, dont les brillants magasins ont déjà commencé leur réouverture.

SAINT-EUSTACHE

L'église Saint-Eustache est criblée d'obus ; une bombe, lancée de la rue Neuve-des-Petits-Champs, a brisé tout un pan de mur.

Nous avons pénétré jusque dans l'église pour voir si les vitraux n'avaient pas souffert du combat. L'église, dégarnie de tous ses ornements, est heureusement intacte à l'intérieur.

A la chapelle de la Vierge, le curé de la paroisse disait, en présence de nombreux fidèles, les prières ordonnées pour le salut de la France.

Cette église a été préservée de l'incendie dans les circonstances suivantes :

Le 5ᵉ régiment provisoire, faisant partie du 4ᵉ corps, était arrivé aux halles. L'on voyait une fumée noire et épaisse sortir du clocheton ; M. Vallier, lieutenant au 3ᵉ bataillon de la garde nationale et professeur à l'école de Saint-Cyr, qui avait obtenu du 5ᵉ régiment de servir dans ses rangs, demanda à aller reconnaître où était le foyer de ce nouvel incendie.

Entrant dans l'église, il monta rapidement dans les combles et parvint au clocheton. Il vit qu'il serait facile de se rendre maître du feu, car il ne s'agissait que d'éteindre des poutres enflammées.

Pour cela, il fallait de l'eau, et l'église ne disposait que d'une pompe ; M. Vallier réunit des hommes du quartier qui firent la chaîne et, par ce moyen, éteignirent avec quelques seaux d'eau les poutres brûlantes.

Il était temps, car un peu plus tard le feu se communiquait à la forêt de bois de la charpente de la nef, et dès lors l'incendie n'aurait pu être maîtrisé.

Les dégâts de Saint-Eustache ont été causés par les obus qui ont affreusement détérioré l'abside et fait effronder la toiture de la chapelle de la Vierge, située dans cette partie du monument. Beaucoup de peintures de M. Couture ont cruellement souffert, le clocheton qui était au-dessus de l'horloge n'existe plus, mais l'édifice est facilement réparable.

LES HALLES

Sous tous les pavillons des Halles, les marchands ont repris leurs places.

Le pavillon de la boucherie, principalement, a beaucoup souffert des projectiles, sans éprouver, cependant, de sérieux dommages.

Toutes les persiennes ont été brisées par les balles, et quelques piliers ont été abattus.

RUE TURBIGO

Une des rues qui ont le plus souffert est incontestablement la rue Turbigo. Toutes les maisons comprises entre le boulevard Sébastopol et la pointe Saint-Eustache ont été atteintes par les balles et les obus. Plusieurs femmes réfugiées dans les chambres de derrière ont été tuées.

La troupe de ligne est parvenue à se rendre maîtresse de la barricade construite à la pointe Saint-Eustache, au moment où les fédérés allaient mettre le feu aux maisons du quartier. Plusieurs d'entre eux, pris sur le fait, ont été passés par les armes séance tenante.

PORTE SAINT-DENIS

La porte Saint-Denis, élevée à la gloire de
Louis XIV après la conquête des Flandres et de la
Franche-Comté, a été très maltraitée. Les mâles
sculptures de Michel Augier, d'après Charles Lebrun, ont eu leurs saillies mutilées. Un obus a
crevé une partie du trophée au pied duquel est as-
sise la Hollande vaincue. Le Rhin a les deux genoux broyés, et le bras qui s'appuyait sur la rame
n'existe plus qu'à l'état de moignon. Un des chevaux qui nagent, dans le bas-relief de l'attique, n'a
plus de naseaux. Quant aux mouchetures sur la
pierre noircie par le temps, au pied droit de
l'arc qui regarde le boulevard Bonne-Nouvelle,
elles sont innombrables. Sur la face qui regarde le
faubourg Saint-Martin, presque rien.

LA PORTE-SAINT-MARTIN

LE GRENIER D'ABONDANCE

Photographié par Pierre Petit.

PORTE SAINT-MARTIN

La porte Saint-Martin, située, relativement à la barricade, sur un plan qui la protégeait, a été moins écornée que sa sœur, la porte Saint-Denis. Quelques balles dans les interstices des vermicelles des plans de soutien, la couronne de lauriers que la Victoire pose sur la perruque de Louis XIV en Hercule a été comme pilée. Louis XIV, peu habillé par une peau de lion, a toujours le visage aussi satisfait et tend le mollet avec la même grâce.

C'est par cet arc triomphal que les troupes alliées, en 1814, firent leur entrée dans Paris.

Le théâtre de la Porte-Saint-Martin, le café des Quatre-Nations et l'ancien restaurant Deffieux, c'est-à-dire tout le pâté de maisons, depuis le café du théâtre, ne sont plus que des ruines.

Du théâtre, il ne reste que le grand mur qui isolait la scène et le mur du fond. Des poutres, des fragments de moulures dorées, des feuilles de partitions fument encore aux pieds de ces murs.

La façade de ce théâtre était charmante, et on ne la regardait point assez. Les succès de la féerie et du drame avaient fait oublier sa galante origine, et la grosse voix du théâtre moderne avait étouffé les derniers échos de l'opéra du dix-huitième siècle. La salle, si vaste, avait été construite, en 1781, pour remplacer celle de l'Opéra détruite par un incendie.

L'architecte était Nicolas Lenoir. Quatre-vingt-six jours avaient suffi, et, comme l'on se méfiait un peu de la solidité du gros œuvre, on avait eu l'ingénieuse précaution de donner, comme essai, une représentation populaire. La salle résista.

Que sont devenus ces masques en saillie qui riaient et pleuraient au-dessus du contrôle, annonçant au public que Lucrèce Borgia allait verser son poison ou que le ballet ferait voltiger ses danseuses? En quelles miettes est pulvérisée cette aimable frise d'enfants bouffis et querelleurs qui se mêlaient au-dessus du balcon aux satyres hardis et aux nymphes semi-effrayées?

Telle est notre indifférence pour le charmant art décoratif de notre dix-huitième siècle, que nous n'avons pu nous procurer une photographie d'après cette façade.

Avec cette salle sonore et aérée, périssent aussi tous les souvenirs de la période romantique. *Antony, Vautrin, Marie Tudor*, ont vécu là de la vie que leur avaient tracée Alexandre Dumas, Balzac, Victor Hugo, et que leur avaient faite Marie Dorval, Bocage, Georges, Frédérick-Lemaître.

Vautrin fut la dernière pièce représentée sous Harel, et ne fut jouée qu'une fois. Frédérick-Lemaître s'étant fait le masque de Louis-Philippe pour remplir le rôle d'un effronté coquin, le drame fut interdit et la direction sombra, accablée de dettes.

En 1840, les frères Cogniard prirent la Porte-Saint-Martin, et donnèrent *les Deux Serruriers* et *le Chiffonnier*, de Félix Pyat.

La direction Marc-Fournier, bien qu'elle se terminât malheureusement, fut une série de succès: *Les Nuits de la Seine, Gabrielle, le Pied de*

Mouton, *les Sept merveilles du Monde*, *le Bossu*, etc., etc. ; des drames en vers, des mélodrames, des comédies, des ballets, des féeries, et tous ces genres montés avec une grande entente artistique et une prodigalité rare.

M. Raphaël Félix, le dernier directeur de ce petit empire, remit à la scène plusieurs œuvres de Victor Hugo et d'Alexandre Dumas. Pendant le siége, il offrit gracieusement son théâtre à la Société des gens de lettres qui y donna deux brillantes auditions des *Châtiments* ; il concevait de grands projets, que nous eussions été heureux de lui voir réaliser, mais une lettre est venue lui apprendre à Londres que son théâtre n'existait plus.

PLACE DU CHATEAU-D'EAU

Les maisons nᵒˢ 1 et 2 formant le coin du boulevard Voltaire et de la place du Château-d'Eau, celles nᵒˢ 20 et 22 sur le même boulevard, ainsi que les magasins du *Grand Turgot* au coin de la rue du Temple, sont entièrement brûlés.

La caserne du Prince-Eugène a été criblée de projectiles ; les maisons qui entourent cette immense place ont aussi été atteintes.

La vaste construction des Magasins-Réunis a également beaucoup souffert.

La fontaine du Château-d'Eau a eu deux de ses énormes lions renversés de leurs socles, dans la vasque ; la position qu'ils occupent prouve avec quelle violence étaient lancés les obus qui les ont atteints.

DÉLASSEMENTS

Depuis quelque temps le théâtre des Délassements avait obtenu divers succès sous l'habile direction de MM. de Jallais et Gœtschy.

Le mercredi, 24 mai, plusieurs gardes nationaux fédérés, dirigés par un sous-lieutenant, se présentèrent au théâtre, s'adressèrent à M. Gœtschy, et lui plaçant un revolver sur la poitrine, lui demandèrent du feu pour incendier le théâtre ; sur son

refus, le sous-lieutenant et ses hommes se dirigèrent dans le théâtre, allumèrent l'incendie en
commençant par les loges des artistes, et continuèrent ensuite par les stalles.

Une vive fusillade avait lieu dans ce moment sur
le boulevard du Prince-Eugène et au coin de la rue
d'Angoulême. M. Gœtschy ne put obtenir aucun
secours ; en peu de temps, le théâtre fut anéanti.
Le café situé à l'angle de la rue d'Angoulême eut le
même sort, mais M. Pouech, son propriétaire, a pu
sauver une partie de son matériel.

Le préjudice que l'absence de ce théâtre fera
éprouver dans ce quartier sera vivement senti par
les nombreuses personnes qu'il faisait vivre ; M. et
Mme de Jallais, qui avaient beaucoup contribué
par leur aménité à rendre cette administration fruc-
tueuse, ont reçu de toutes parts des témoignages de
regrets et de la plus vive sympathie.

GRENIER D'ABONDANCE

Le jeudi, 25 mai, vers deux heures, on voyait de différents points de Paris une épaisse colonne de fumée entremêlée de flammes s'élever du côté de la Bastille. C'était le vaste établissement du boulevard Bourdon qui flambait, sans qu'on ait pu y entreprendre des travaux de sauvetage, à cause de la présence des fédérés.

Les immenses magasins du Grenier d'abondance formaient le plus vaste des docks de Paris. Un bâtiment en pierre, long de 350 mètres, s'élevait là sur le bord du canal. Des caves magnifiques, trois étages de magasins, des grues puissantes, un chemin de fer, des bâtiments annexes, une salle de vente et une quantité d'environ douze à quinze millions de marchandises, ont été la proie des flammes. Il y avait là du blé, de l'huile, des spiritueux, un peu de vin et une énorme quantité de morue. Toutes ces substances en combustion ont répandu dans le quartier une odeur nauséabonde.

Elevé en 1807, le Grenier d'abondance a longtemps servi de réserve aux boulangers de Paris, dont il contenait l'approvisionnement pour deux mois. La liberté de la boulangerie le fit abandonner il y a quelques années, et M. F. Godillot y établit un dock pour le commerce. Pour y entreposer les huiles, ce négociant y avait construit quarante tonneaux gigantesques, semblables à des tours de place forte. De toutes ces installations, il ne reste plus qu'un monceau de matières incandescentes, et quatre murs menaçant ruine, qui le font ressembler à une forteresse démantelée.

L'ÉGLISE DE BERCY

L'église paroissiale de Bercy n'est plus qu'une ruine ; tout a été incendié ; les murs ont cependant résisté à l'ardeur des flammes. Ils tiennent encore, mais n'offrent aucune solidité ; le clocher s'est effondré, les cloches ont été fondues dans le brasier ardent ; tous les objets du culte ont été brûlés et anéantis.

Cette église, la seule qui ait été brûlée dans Paris, doit sa destruction à un misérable qui a vécu par elle plusieurs années. C'est le suisse de la paroisse qui en a été l'incendiaire. Ce bandit, depuis la Commune lieutenant de la garde nationale, s'est chargé seul d'y mettre le feu ; le 25 mai, quelques heures avant l'arrivée des troupes régulières, il fit mettre en tas les chaises et tous les objets combustibles qui se trouvaient dans l'église ; il arrosa de pétrole les bancs d'œuvre, la chaire et toutes les boiseries, puis froidement alluma lui-même l'incendie... En quelques heures tout fut détruit.

L'incendiaire, après s'être caché plusieurs jours dans une cave de Bercy, a été découvert et immédiatement passé par les armes. Son exécution s'est faite lundi 29 mai, sous une voûte du chemin de fer de Vincennes.

LA MAIRIE DU XIIᵉ ARRONDISSEMENT

C'est-à-dire la mairie de Bercy, sur la place et tout près de l'église, a été aussi la proie des flammes ; il ne reste rien du bâtiment ; les murs ne pourront même pas servir à sa reconstruction. Ils ne tiennent plus et sont calcinés.

Les livres de l'état civil et toutes les archives qui s'y trouvaient sont détruits.

C'est la seule mairie de Paris, en exceptant l'Hôtel de ville, dont la destruction soit complète. Les

incendiaires sont des gardes nationaux du quartier:
tous ont été pris et fusillés samedi matin. La mairie du XIIe arrondissement était de construction
récente : elle fut terminée vers 1864 ou 1865.

Ce n'était point un monument ; mais son architecture avait du mérite ; sa façade était belle et
grande et ses dispositions intérieures étaient parfaitement prises. Quelques maisons de Bercy ont été
aussi la proie des flammes : les n° 12 et 13 sont
détruits complètement. Les incendiaires ont cherché plusieurs fois à mettre le feu dans les entrepôts de liquides, mais les négociants et leurs employés ont su toujours conjurer le danger. Pas une
cave de Bercy n'a été détruite par les flammes, fort
heureusement, car les désastres eussent été épouvantables.

LES GOBELINS

Le feu a détruit quatre-vingts mètres de bâti-ments qui contenaient :

La galerie,

Un atelier renfermant six métiers,

Trois salles contenant des couleurs,

L'école de tapisserie, un atelier de peinture et le magasin des plâtres.

Mais le plus grand désastre consiste en la destruction de la collection de tapisseries depuis Louis XIV jusqu'à nos jours.

Le projet des incendiaires était de livrer aux flammes la manufacture tout entière ; par un bonheur inespéré, le feu a pu être coupé à son point de jonction avec les bâtiments d'habitation, grâce au dévouement des artistes présents, de leurs femmes, de leurs enfants, de tout le personnel de la manufacture et de tous les honnêtes gens du quartier.

A force de courage, l'atelier du nord, ceux des tapis, le magasin général, les bureaux, la chapelle, les laboratoires, la teinture et tous les bâtiments occupés par le personnel ont pu être sauvés.

Quant au chiffre des pertes, il ne peut pas être encore évalué. Il doit y avoir dans les décombres une certaine quantité de tapisseries qui n'ont pu être retirées.

Tout ce que l'on a pu dégager de ce qui fut l'exposition des Gobelins a été étalé dans la cour sous les rayons du soleil.

Ce sont des débris calcinés dont le plus grand ne présente pas un mètre carré de superficie.

On peut distinguer encore çà et là une tête, un bras, le pan d'un manteau royal, un coin du superbe tableau de *l'Aurore*, tant admiré à l'exposition de 1867, etc.; mais rien de tout cela n'est intact, rien n'est réparable !...

LE QUARTIER DU PANTHÉON

Aucun incendie ne s'est déclaré dans ce quartier, mais il était destiné à être détruit complètement, et ce n'est que par une circonstance providentielle qu'il a été sauvé de la plus épouvantable des ruines. Une vingtaine de tonneaux de poudre, placés dans les caveaux du Panthéon, devaient faire sauter le monument ; la mairie, le collége Sainte-Barbe en avaient aussi grande provision ; des fils électriques se reliant, devaient, à un moment donné, enflammer ces munitions ; mais la pose de ces fils souterrains, quoique ayant été faite mystérieusement, était connue d'un habitant du quartier, qui s'empressa de les couper, sans faire part à personne de sa belle action. Quand la barricade de la rue Gay-Lussac fut prise, les fédérés se réfugièrent derrière celle de la rue Soufflot, qui était formidable ; mais les troupes de ligne, après avoir opéré une brèche dans le mur de la maison n° 4 de la rue Royer-Collard débouchèrent par la rue Saint-Jacques et prirent les fédérés entre deux feux. Une vingtaine furent tués sur la barricade, les autres par les petites rues voisines se portèrent sur le Panthéon ; mais de ce côté, la débâcle commençait également.

Les gardes nationaux paraissaient ne plus pouvoir tenir. Un nommé Allemand, délégué de la Commune, fit donner l'ordre à tous les fédérés de se replier du côté de la rue Monge pour procéder à la mission dont il s'était chargé, *faire sauter le quartier du Panthéon*, mais il s'aperçut que cela lui était impossible, que les fils étaient rompus. Décidé à tout braver, il voulut alors y parvenir sans le secours de l'électricité.

Le misérable y arrivait, quand il fut arrêté par le caporal Téraillon, du 17e bataillon de chasseurs à pied ; quelques instants après, il était fusillé au pied de la barricade du Panthéon.

LE LUXEMBOURG

Le palais est intact, quoiqu'ayant été, comme le Panthéon, menacé d'une destruction complète. La poudrière qui a fait explosion le mercredi 24 mai, malgré sa proximité, n'a pas enlevé une ardoise de sa toiture, mais l'ambulance établie sur le côté gauche du jardin a été entièrement démolie ; pas une planche du baraquement n'est restée debout. On compte aussi de nombreuses victimes. Presque tous les arbres de l'avenue du Luxembourg sont brûlés, les feuilles sont desséchées et mortes, leur aspect est des plus lugubres. L'école des Mines a été fortement ébranlée, ainsi que toutes les propriétés voisines.

LA RUE VAVIN

L'explosion de la poudrière du Luxembourg a fortement endommagé cinq maisons de la rue Vavin ; quatre autres ont été incendiées le même jour ; aussi l'aspect de cette rue est des plus saisissants.

CARREFOUR DE LA CROIX-ROUGE

Une immense maison occupée en partie par les magasins du *Cherche-Midi*, a été brûlée le mercredi 24 mai, au matin. Plusieurs personnes, dit-on, ont péri sous ses décombres.

LE TAPIS ROUGE

Les magasins du *Tapis rouge*, faubourg Saint-Martin, sont brûlés ; à l'heure où nous écrivons les pompiers travaillent encore à éteindre l'incendie.

DOCKS DE LA VILLETTE

Nous avons visité les quartiers qui, les derniers, ont servi de champ de défense à l'émeute.

Nous avons visité, avec l'un des chefs du corps de pompiers occupé aux docks de la Villette, ce gigantesque foyer d'incendie qui a illuminé Paris de ses lueurs sinistres ces jours derniers.

L'incendie n'était pas encore éteint. La terre, imprégnée de corps gras, et les murs sur lesquels suintaient des émanations alcooliques, étaient encore couverts de fumée. Néanmoins, le feu a été circonscrit en abandonnant ce qu'il était impossible de sauver.

Les entrepôts de la Rotonde, ainsi nommés à raison de la forme des bâtiments occupés par les employés et les bureaux, contenaient près de cinq millions de marchandises au moment du sinistre. Barils d'essences, bonbonnes d'huiles et de drogues, tous corps propices aux flammes ont éclaté et laissé couler leur contenu, qui menaçait de s'étendre, en suivant la rue Riquet, jusqu'à la rue de Flandre, et en tournant les quais. L'incendie eût pris alors d'énormes proportions. On a élevé des talus en terre qui ont arrêté les liquides en permettant au feu de les absorber. En même temps, on projetait de l'eau, qu'on avait en abondance, sur le bâtiment de la Rotonde.

Le bâtiment a été épargné ; les vitres sont toutes brisées ; quelques boiseries ont été consumées et les pierres noircies, mais les dégâts de ce seul bâtiment ne sont pas tels qu'on ne puisse le rendre encore habitable sans trop de frais.

Les docks étaient assurés pour sept millions à diverses compagnies.

LA FIN

Les Buttes-Chaumont prises, les hauteurs de Belleville enlevées, Charonne et Ménilmontant au pouvoir des troupes, le Père-Lachaise attaqué de front, le terrain qui s'étend entre la place du Prince-Eugène et le canal Saint- Martin cerné, l'insurrection ne pouvait plus que se débattre dans un vaste filet dont les mailles l'enserraient de toutes parts.

Les positions principales étaient donc conquises : la division Grenier avait La Villette ; la division Montaudon, le rond-point qui domine le canal ; le général Ladmirault, les buttes Chaumont ; les généraux Clinchant et Douay, la ligne du Château-d'Eau à la Bastille ; le corps Vinoy, enfin, occupait déjà en partie le cimetière du Père-Lachaise et enveloppait La Roquette.

Il ne restait plus aux fédérés aucun point stratégique propre à servir de base d'opérations pour une défensive militairement organisée.

Aussi, durant les dernières heures, ce n'est pas en soldats qu'ils se battaient, mais en désespérés qui savaient n'avoir plus d'autre perspective que la mort.

Voilà où il a fallu en venir, et néanmoins les moyens énergiques qui ont été employés n'ont pu éviter toutes ces destructions, tous ces innombrables sinistres, dont le récit vient de passer sous les yeux de nos lecteurs.

Si l'œuvre de l'armée est achevée, l'œuvre de la justice va commencer.

FIN

TABLE

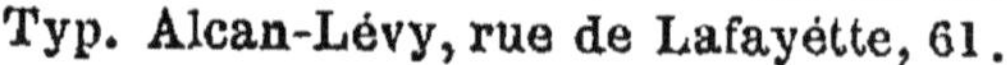

Typ. Alcan-Lévy, rue de Lafayétte, 61.